U0536010

脑洞经济学

人人都要有的经济学思维

温义飞——著

浙江大学出版社

推荐序

我在高校从事经济学研究与教育10多年,这些年的经历告诉我,对许多人来说,经济学仿佛是一个"最熟悉的陌生人"。熟悉,指的是一提起经济学,大家会油然而生一种亲切感,毕竟经济生活是我们日常生活的一个重要组成部分,而经济学不正是研究经济的吗?所以,我也会在不少场合遇到义飞的朋友经常问他的那些问题,比如:经济形势会怎么样?股市前景怎么样?对房价走势怎么看?这三类问题应该代表了大多数人对经济学研究对象的看法。当然,我不能否认这些是经济学研究领域里的重要问题,也与大家的生活息息相关;但我还想说的是,经济学在经历了漫长的发展,尤其是最近几十年来在理论和实证分析方法上获得长足进步之后,研究范式与研究所涵盖的领域已经发生了巨大的变化。而这样的变化对于大多数读者来说,其实是比较陌生的。

当大家打开这本《脑洞经济学:人人都要有的经济学思

维》，可能首先会合理怀疑本书中罗列的这些主题是否真的是经济学所研究的内容。怎么经济学家现在都开始研究柴米油盐这些小事了呢？是否是"单身狗"、怎么教育孩子、如何讲价、努力能否成功，这些事情和经济学有什么关系？

要回答这个问题，首先就要对当代经济学的发展有一个大致的了解。如果大家有兴趣翻一翻现在主流的经济学原理教科书，就会发现，经济学家们给经济学的定位是"决策科学"。更确切地说，经济学是研究市场参与者、家庭或是企业如何做选择的科学。而且，现在经济学研究的选择问题涵盖的内容很广泛。就个人的选择来说，诸如要不要结婚、要不要生小孩、要不要工作、要不要买车、要不要买房；就企业来说，要不要解聘某人、要不要搞创新、要不要涨价、要不要投资……都在经济学的研究范围之内。

这样的定义可能会出乎很多人的意料，为什么经济学要研究这些具体的决策问题？这和我们一般所关心的经济问题有什么联系？

说来话长。我在这里长话短说，经济学家之所以对这些问题感兴趣，是因为他们相信经济运行过程中所表现出来的波动，正是这些微观个体选择的总和所导致的。所以也可以这么说，研究经济问题，本质上就是研究这些决策主体的选择问题。见微知著，这才是当代经济学的正确打开方式。

市场的波动，价格的涨跌，都是由千千万万的市场参与者在市场机制下互相作用的结果，比如说当大家都决定卖房的时候，房价就真的跌了。而这种市场机制，亚当·斯密称之为"看不见的手"。随着

推荐序

经济学研究方法的不断进步，经济学家们便开始一步一步想办法打开市场机制这个黑盒子，研究具体是哪些原因导致了市场参与者的何种选择，并逐渐开始建立对经济现象更深刻的认识。

说到这里，我想大家对现在经济学的研究对象，对经济学家所从事的研究工作已经有了一个大概的了解。经济学研究与我们的关系，实际上可能远比我们想象的更紧密。经济学家们现在正试图用经济学的分析框架解构我们日常的选择过程，并从中得到对市场运行机理的深刻认知。而这种对日常现象的经济学解释，也正是经济学赖以发展壮大的经济学思维方式。

义飞的这本书妙趣横生，涉猎广泛，充分利用经济学的思维方式，发掘隐藏在我们日常决策背后的经济学原理。相信这本书会引领读者进入经济学的殿堂，一窥它的奥妙与精彩。

（李涵，西南财经大学经济学教授、经济与管理研究院副院长）

目录

Chapter 1　谈恋爱是小 case，我们可是经济学家　1
　　怎么科学地解释"单身狗"为什么会存在？　3
　　如何一劳永逸地告别"单身狗"命运？　8
　　整形手术划算吗？　15
　　中国式相亲鄙视链到底合不合理？　20
　　中国女性变得更爱钱了吗？　23

Chapter 2　经济学家比谁都关心你的家庭问题　27
　　大颗钻戒和浪漫婚礼能守护你的婚姻吗？　29
　　经济学家如何看待出轨？　32
　　为什么男人们得把钱交给老婆？　38
　　为什么养孩子越来越难了？　42
　　通过现金激励孩子是否有效？　46

/ 1

如何用经济学思维解决你的家庭问题？　50

Chapter 3　你的生活就是一堂经济学课　55
为什么买买买会使人的心情豁然开朗？　57
选择多意味着更幸福吗？　61
卖家通常都是怎么定价的？　65
为什么优惠促销越来越复杂？　70
日常购物有哪些常用又有效的技巧？　75
为什么奶茶要选大杯的？　83
选餐厅有哪些不可不知的秘诀？　88
怎么才能买到实惠又时尚的衣服？　92
关于机票，有哪些有趣的研究？　96
如何成功地讨价还价？　99

Chapter 4　钱钱钱，永远都不够花　105
收入不高，还能怎么攒钱？　107
失业率对大家的薪水有什么影响？　111
高薪人群的工资涨幅更大吗？　117
有哪些你不可不知的理财风险？　122
买对基金关键靠什么？　127
年轻人今后怎么买房最划算？　134
你怎样才能拥有一个快乐的晚年？　141

目 录

为什么政府禁止高利贷? 146
经济学家如何看待比特币? 151
买彩票中 500 万元的概率有多大? 154
收入不高,还能好好花钱吗? 157

Chapter 5 **你能否成功,究竟与什么有关?** 161
运气到底存不存在? 163
糟糕的运气可以在多大程度上毁掉一个人的努力? 167
如果这世上有后悔药,价格会是多少? 171
出生顺序会影响人的一生吗? 174
大学室友对学习成绩有什么影响? 177
穷人和富人,谁更勤劳? 180
为什么有的人明明很努力,成就却很一般? 184
高学历女性更爱拼职场吗? 186

Chapter 6 **用经济学家的眼睛看世界** 191
疫情常态化,中国企业如何顺利突围? 193
自由贸易过时了吗? 201
国家和国家之间的经济差距会不会越来越大? 207
报复性关税的蝴蝶扇动翅膀可以引发多大的效应? 211
一个国家欠钱不还会怎么样? 215
不被承认是市场经济国家,又能怎么样? 220

/ 3

我们为什么总去援助非洲兄弟？ 225

冬奥会将对京津冀乃至全国的经济产生怎样的影响？ 229

Chapter 7 **经济学家的脑洞，要多大有多大** 235

这一次,经济学家又干了什么蠢事？ 237

经济学家在抓犯罪分子方面有什么奇招？ 241

有哪些完全不符合经济学原理的奇妙法规？ 246

有哪些文化习俗蕴含着颇为理性的经济学道理？ 250

都说劣币驱逐良币,为什么良币不能驱逐劣币？ 254

假如我能拿到世界上所有的钱,会通货膨胀吗？ 258

现实版"加勒比海盗"的收入有什么特点？ 263

谁来为复仇者联盟在战斗中造成的经济损失买单？ 268

全世界叛变特工联合会是个什么经济组织？ 272

难以置信！龙妈难道斗不过煤老板？ 277

Chapter 1

谈恋爱是小 case，我们可是经济学家

Chapter 1 谈恋爱是小 case，我们可是经济学家

怎么科学地解释"单身狗"为什么会存在？

20 世纪 50 年代，随着人类无线电技术的进步，科学家们第一次开始讨论应用无线电技术探索外太空文明的可能性。1961 年，天文物理学家法兰克·德雷克(Frank Drake)和卡尔·萨根(Carl Sagan)提出了一个公式，用来计算我们与外星文明交流的可能性。这个公式又叫"德雷克公式"(Drake equation)、"萨根公式"(Sagan equation)或"格林班克公式"(Green Bank equation)，后又称"绿岸公式"，它长这样：

$$G=R \cdot f_p \cdot n_e \cdot f_l \cdot f_i \cdot f_e \cdot L$$

其中，G 表示能够交流的外星文明数量，$R \cdot f_p$ 表示类太阳恒星的数量，n_e 表示这些行星系统中产生类地球行星的概率，f_l 表示这样一颗行星产生生命的机会，f_i 表示这些生命中产生智慧生命的机会，f_e 表示这颗星球拥有与其他星球进行通信的技术的概率，L 表示这些文明的存在时间。

利用这个公式，当时的科学家们估计，仅仅在银河系中，就有大约 1 万个文明可以与我们沟通。考虑到银河系总共有 200 万～400

万个星球,我们在银河系中随机找到一个能沟通的文明的概率是0.0000003%。虽然概率不高,但是一想到银河系里有1万个星球能跟我们交流,还是很令人兴奋的。

特别是当你使用同一个公式把找外星人和找男朋友做一下对比的时候。

G 表示你的潜在男朋友的数量;

$R \cdot f_p$ 表示中国人口数量,即 14 亿;

f_m 表示中国男性的比例,即 55%;

此外,如果你在首都北京,而你又不太想异地恋,你能实际接触到的也就是同城的异性,那么,f_b 就相当于北京人口在中国的比例,我们按 3000 万人来算,即 2%;

假设你 25 岁,你不想你的丈夫比你小,可是也不想他年龄太大,25~35 岁的青年人口占总人口比例约 20%,那么 f_a 就约等于 20%;

假设你想找的男朋友至少得有大专学历,这一人群在北京的比例是 30%,那么 f_e 就约等于 30%;

假设你是个花痴,非常容易喜欢上别人,上学期间就有多个暗恋的对象,则 f_l 表示所有男性有 1/40 的概率被你喜欢;

假设你特别漂亮,你喜欢的男生也特别容易喜欢上你,则 f_{o1} 表示男性有 1/40 的概率会喜欢你。

f_s 表示假设这些人中有一半是单身,即 50%。

则:

Chapter 1 谈恋爱是小 case，我们可是经济学家

$$G = R \cdot f_p \cdot f_m \cdot f_b \cdot f_a \cdot f_e \cdot f_l \cdot f_{ol} \cdot f_s$$
$$= 1400000000 \times 0.55 \times 0.02 \times 0.2 \times 0.3 \times 0.025 \times 0.025 \times 0.5$$
$$= 288.75$$

哇，北京城里你的真命天子有 200 多个，听起来好像还不错。

但即使你有办法每天出去转悠，能认识全北京城的每一个人，你找到男朋友的概率也只有 0.00000020625，低于人类在银河系找到外星人的概率。

说了这么多，我只是想让我老婆了解到我是多么可贵。

经济学引申

行为经济学是实用的经济学，它将行为分析理论与经济运行规律、心理学与经济科学有机结合起来，以发现现今经济学模型中的错误或遗漏，进而修正主流经济学关于人的理性、自利、完全信息、效用最大化及偏好一致等基本假设的不足。

而对于没找到男朋友春节无颜见爹娘的你，我也有锦囊相赠。

早在 19 世纪 70 年代，心理学家唐纳德·达顿（Donald Dutton）和阿瑟·艾伦（Arthur Aron）就想看看"在强烈情感状态下，性吸引的出现概率是否会提升"。为了这个研究，他们设置了两组实验，即

心理学领域一个著名的实验"恐惧吊桥"。

在一座很高很危险的观光桥上,实验人员安排一个女生去请路过的单身汉填写一份心理问卷,先评价一下这座桥,再看图讲一个故事,然后给他留一个咨询结果的电话。这之后,同一个女生在附近一处结实的普通交通桥上做同样的事,并同样告知电话。结果观光桥上的单身汉打电话的概率远大于交通桥上的单身汉。并且,他们在实验中讲述的故事也有更多的性暗示。

达顿在研究中总结道,人们在感到恐惧或兴奋的时候,会对身边的异性产生更多的好感。因为身体的心跳和血流加速等反应"欺骗"了我们自己,让我们误以为这是出于爱。

然后,在相亲时穿红色会显著增加对异性的吸引力。关于"红裙效应"的研究汗牛充栋,这个现象是可以确定的,只是具体机制还没有被研究清楚。而且,也有心理学家指出红色不仅能提升女性的吸引力,对男性也有一定效果。

经济学引申

红裙效应,是指男人认为红衣女郎更具吸引力,更性感诱人,性开放程度也更高,这暗示了人类也许习惯于将颜色和生育力联系在一起。科学研究还发现,男性会坐得离那些身穿红衣的女性更近一些,问一些更亲密的问题。

美国纽约罗切斯特大学的心理学家亚当·帕扎达(Adam

Chapter 1　谈恋爱是小 case，我们可是经济学家

Pazda)等研究者对这个效应进行了新的研究。帕扎达认为,这种颜色效应可能源于生物学。许多灵长类的雌性动物到了发情期,雌性激素达到顶峰,脸部变得非常红润,而这似乎给了雄性动物行动信号。帕扎达表示,人类也是如此。

实际上,红色诱惑论并不新鲜,女性使用粉红色腮红和艳丽口红已有近1.2万年的历史。

再然后是给他温暖。耶鲁大学的约翰·巴格(John A. Bargh)教授致力于研究体温变化对人心理的影响。他的研究结果表示,低温会让人对周围环境产生冷漠感,而热饮则可以让人产生亲近感。因此,作为第一次约会的场所,咖啡馆要优于冷饮店。

所以,春节回家相亲的时候不用总是一起吃饭。你也可以穿着一身红衣服,让你的相亲对象端着一杯热水去蹦极,又热闹又红火还挺喜庆。

最后,你还可以降低你对男朋友外貌的要求。把公式中的1/40提升到1/20,你找到男朋友的概率就大于找到外星人了。

如何一劳永逸地告别"单身狗"命运？

曾经在去加拿大的一趟航班上，我在机舱尾部跟一位空姐聊了很久。当空姐小妹双眼向下一瞥，略微停顿之后对我说"班组要在这里待四天，不知道该干什么去"的时候，我认认真真地为自己叹了口气，然后告诉她某处景色不错，祝她玩得开心，并回到了座位。

看到浮标沉下去了，我却把鱼竿放回地上。难道我是素食主义者？

并不是这样，事实的真相其实更加残酷，我是学经济学的人。

我这样做是在牺牲流动性来换取更高的收益，因为稳定的恋爱关系需要付出自由的代价。为了一段短暂的艳遇，我需要很多补救措施来防止被老婆发现，这样做的成本实在是太高了，同时我也并不愿意承担分手的风险。由于空姐作为收益无法抵消风险成本，我选择终止交易。当然，如果把空姐换成竹内结子，我还是会这样回复她，毕竟说真话也是有成本的。很不幸，用理性的经济逻辑来指导日常生活，就是会把人变得这样不潇洒。

如果在我用这样惨痛的教训现身说法后，你还是希望能用经济学理论来使自己告别"单身狗"命运,那么,下面的一些经济理论可以供你参考。

我相信关于这个话题,会有很多人提到"沉没成本""机会成本""风险分散"等可以广泛使用在恋爱中的经济原则,但我想谈谈更加有操作性的理论。

经济学中,有一个关于博弈论方面的论述叫作"秘书问题",是在20世纪50年代末至60年代初提出的。光看名字就知道似乎可以用在择偶中。

经济学引申

在概率及博弈论上,秘书问题(类似名称有相亲问题、止步问题、见好就收问题、苏丹的嫁妆问题、挑剔的求婚者问题等)是指,要聘请一名秘书,有 n 人来面试,每次面试一人,面试过后便要即时决定聘不聘他,如果当时决定不聘他,他便不会回来。面试时总能清楚了解求职者的适合程度,并能和之前的每个人作比较。那么,采用什么策略,才能使选到最适合者的概率最大呢?

首先,我们可以假设你打算谈 n 次荡气回肠的恋爱,可以选择随时放弃或接受一段感情,但是一旦决定放弃就不能回头再找前男友。那么,怎么样才能选到最优秀的男友呢?

稍微想一下你就会知道,最好的办法是先玩几次,体验一下男人的平均品质,再开始认真选择,一旦出现一个比前面遇到的都优秀的男人就马上留下。

假设作为样品的男人是 k 个,则在 k 以内的男人就算是吴彦祖也要选择放弃,然后从 $k+1$ 开始,一旦出现比吴彦祖更帅的男人就终止博弈。那么,k 的大小就至关重要了。既不能太小,让人不能试出优劣;也不能太大,造成选择变少。则公式为

$$P(k) = \sum_{i=k+1}^{n} \frac{1}{n} \cdot \frac{k}{i-1} = \frac{k}{n} \sum_{i=k+1}^{n} \frac{1}{i-1}$$

其中,n 是恋爱次数,i 是遇到王子的时刻。

具体的演算在这里不赘述了,直接告诉你,答案是 $k=n/e=n/2.71$。这里的 e 是欧拉数。

比如读完这本书后,你决定最多谈 30 次恋爱,则前面的 30/2.71=11 次恋爱是练习赛,前 11 个男友将注定成为你人生实验的小白鼠。从第 12 个人开始,如果遇到比前面 11 个都好的,你就务必要抓住机会了。

看到经济学家们殚精竭虑地为你抛弃不称心的男友找到了理论依据,你是不是感动得流下了眼泪?然而你还是太年轻了,恋爱是一个双向选择的过程,我们男同胞也有对应的决定权。

如果你是男生,你的同事和朋友或许会劝你找个漂亮的姑娘,实际上那是因为他们的年纪还不够大,还没有完全体验到美貌的成本。假如你 25 岁结婚,则 40 岁时你和你老婆在一起已经 15 年了,她的外貌"红利"可能大打折扣。接下来到 80 岁,你们还要共度 40 年,这

Chapter 1 谈恋爱是小 case，我们可是经济学家

40 年的幸福则完全取决于她是温柔体贴，还是不断在提醒你她已经把最漂亮的年华交给了你，你需要为此负责。

这里有一个关于美貌成本的佐证。

有位经济学家利用阿里巴巴的女性内衣产品购买记录做了数据分析，并根据女性消费者在其他领域的开销得出了结论：胸越大的女生越会花钱（见图 1）。所以请珍惜身边的平胸妹子。

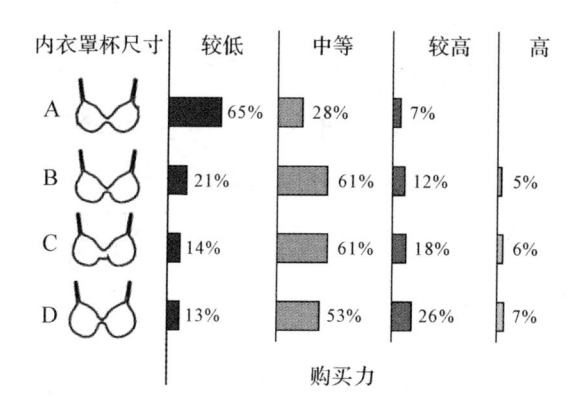

内衣罩杯尺寸	较低	中等	较高	高
A	65%	28%	7%	
B	21%	61%	12%	5%
C	14%	61%	18%	6%
D	13%	53%	26%	7%

购买力

图 1　关于阿里巴巴上的女性内衣购买记录的数据统计

根据上面的理论，女同胞们择偶时不能太早就纠结于是选吴彦祖还是我，男同胞们择偶时需要清楚自己的需求，理智地分析更适合自己的特质。仔细挑选，不要急躁。

我骗你的。残酷的真相是，你不但无法慢慢选，而且没有学过经济学的你可能根本找不到对象，最后只能孤独终老或者去相亲。

这就是我想说：禀赋效应（它的类似理论在心理学上有另一个名字，叫"达克效应"）。

经济学引申

禀赋效应是指,当个人一旦拥有某项物品,那么他对该物品价值的评价要比拥有之前大大提高。这一理论是由理查德·泰勒(Richard Thaler)在1980年提出的。

行为金融学是基于行为学、金融学、社会学、经济学、决策学、心理学的理论来分析金融市场主体(决策者)在金融市场行为中的心理特征,并以此来研究投资者的决策行为及其对资产定价影响的一门学科。禀赋效应充分体现了行为金融学的研究方法,对传统经济学的理性人假设提出了挑战。

禀赋效应带来的虚幻的自我优越感使人们觉得自己比大多数人优秀,在前文涉及吴彦祖的部分,我已经亲自证明了这一点,毕竟觉得我跟他谁更帅的人大概只能四六开。

你是不是觉得自己幽默有趣?不,你并没有。图2中的曲线分别代表人们的实际幽默感和人们对自己的感觉。你看,大多数人的自我感觉比实际结果好,而且越无趣的人自我认知的偏差越大。只有当你真的很幽默的时候,你才可能低估自己的幽默。比如我在看到我写的这些文字之后,就常常觉得自己好像没有那么有趣。

就算没有那么幽默,你是不是觉得自己至少聪明又爱思考?不,你并没有。你看看那些自以为聪明的人甚至觉得自己比那些真正聪明的人更有智慧,而真正聪明的人(最优秀的前 25%)却以为人人都和他们差不多,所以反而低估了自己(见图 3)。

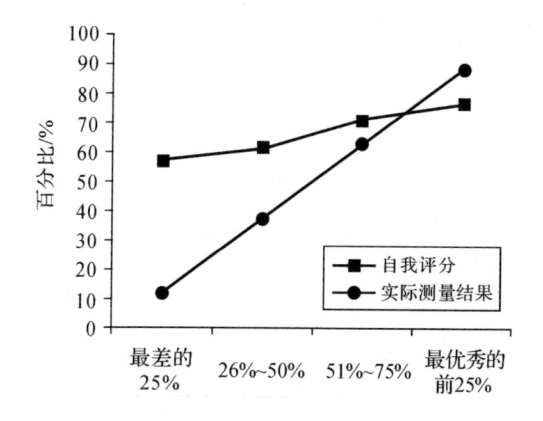

图 2 对幽默感的自我评价和实际测试结果对比(实验 1)

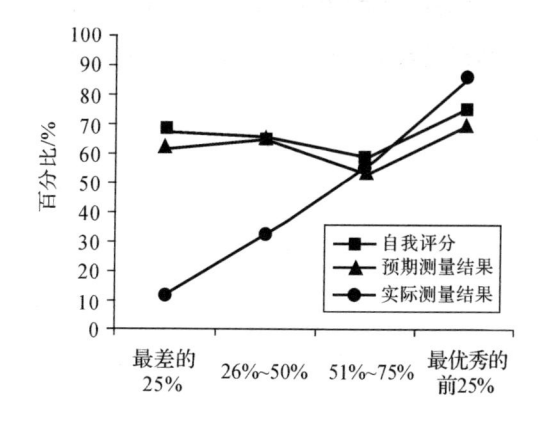

图 3 对逻辑思维的自我评价和实际测试结果对比(实验 2)

对自己外貌的认知也有类似的情况。你是不是有时候觉得自己的照片怎么那么难看?有没有想过,那或许就是事实。

现实链接

总而言之,从理论上说,你有极大的可能并没有你自己认为的那么好。所以择偶时如果不断遇挫,不妨放低标准,否则就会因为对自己"行情"的错误估算而使得交易始终无法达成。因为在经济学中,在一个信息对称的完全竞争市场里,你的单身是必然的并且合情合理的。

以上就是一些有关择偶的经济学解释。至于如何用经济学理论和姑娘聊天,我猜随着我的退隐,该绝技业已绝迹江湖。

Chapter 1　谈恋爱是小 case，我们可是经济学家

整形手术划算吗？

在了解整形手术是否划算之前，我们先来看看到底有多少人整过容。

世界整容外科医学会（ISAPS）每年都会发布全球整形的统计报告。整形总人数排名前两位的国家常年是美国（400万人）和巴西（230万人），日本（140万人）、韩国（115万人）和印度（93万人）也稳居榜单前列。在全部整形手术的受众里，男女比例为15%∶85%。

中国在上一次有数据的统计中（2011年）位居第三，而后由于数据不全没有再被记录，但是据估算，现在已经超过巴西。

在2017年的统计中，全世界最受欢迎的外科整形手术为隆胸、抽脂和眼睑整容，而最受欢迎的微整形手术分别为肉毒杆菌注射、玻尿酸注射和脱毛。

这里有一个有趣的细节：美国人和巴西人最爱的手术是吸脂和隆胸，而日本人和韩国人最爱的手术则是开双眼皮、隆鼻和缩脸。这也算是从侧面反映了两个文化圈的审美观。

之所以中国、巴西、印度和墨西哥是整形大国,是因为这些国家的贫富差距较大;而美国、日本、韩国虽然贫富差距较小,但男女地位和收入却很不平等。收入和性别的不平等让这些国家的女性有更强的动机去通过外貌来改变命运,所以整形手术的受众往往收入都不是很高。比如在美国,整形者中大约70%达不到全国收入的中位数,甚至有超过1/3的整形者来自收入极低的阶层。

那么美貌真的可以带来更高的收入吗?

经济学引申

美貌经济学认为,美貌和成功有着必然的关系。有人会认为以貌取人是肤浅的,不公平的。但研究发现,美貌和健康、智慧有着必然的联系,而且有助于为公司创造更多效益。以貌取人虽然很肤浅,但却是进化赋予人类的本能。

美貌研究领域的权威当属新墨西哥州大学的兰迪·索恩希尔(Randy Thornhill)。在10多年前,索恩希尔博士将他在昆虫蝎蛉身上观察到的一个现象大胆应用到人的身上。

索恩希尔观察发现,那些拥有最对称翅膀的蝎蛉在交配的时候表现最好。除此之外,他还证明,这条规则同样适用于人类。他从人的面孔开始,对照片加工后,让人的面孔变得更对称或是更不对称,然后让异性志愿者对这些面孔打分。之后,他又发现,不仅面孔,人的整个身体乃至手指的长度的对称性都能影响人们的评分。

Chapter 1　谈恋爱是小 case，我们可是经济学家

背后的原因似乎在于,发育的胚胎很难维持完美的对称,而那些能够维持完美对称的个体显然具有优良的基因(还有一定程度的运气)。

根据康奈尔大学的研究,一个白人妇女的体重每增加 64 磅(大约 30 公斤),她的收入平均降低约 9%。同时,人群中外貌中上的女生要比外貌普通的女生收入高 10%。但研究表明,超重和美貌对男性的影响则相对较小。

这样的研究结果印证了整形人群中的性别分布,女性比男性有更强的动机去整形。多说一句,调查中的男性的身高对收入有可观的影响。

虽然外貌会有加分,但是整形的经济收益却非常有限。作为"整形界的宇宙中心",韩国在整形收益方面的研究非常丰富。首尔大学的团队就做了详细的统计,他们的数据来源是韩国的整形数据库。在整理所有的样本之后,按照整形前的容貌打分,分析对象被分成了 A、B、C、D 四个级别。

在婚姻市场里,原本就最漂亮的 A 组中,整形后的女性结婚的对象比她没整形时的结婚对象收入平均高 12.7%,也就是说,整形后找到的老公的年收入比没整时要高 5770 美元。在比较好看的 B 组中,这个比例就低了很多,而在接下去长相普通的 C 组和 D 组里,女生整形与否与最终结婚对象的收入之间的关联就变得微乎其微。可

/ 17

见，只有本身就拥有美貌的人才可以通过整形增加收入。

在劳动力市场中，整形对收入也有一定的影响。如果一个人进行了全面而成功的整形手术，理论上可以把他的外貌提高两个级别。而 A 组和 C 组的女性收入差距高达 11.1%，这一数据在控制了教育背景、行业和地区差别之后依然显著。但是，这样改头换面的手术毕竟只是少数。

在平均水平的整形者中，收入的变化就非常小了。手术后造成的平均收入增长约为每年 0.68%，而且在手术几年后，影响变得越来越小，几乎可以忽略不计。

现实链接

相关领域的研究者还有得克萨斯州大学奥斯丁分校的丹尼尔·汉默许(Daniel S. Hamermesh)教授。他的结论也非常相近：普通的整形手术在金钱方面的回报在 5% 左右。考虑到手术巨大的风险以及不可知的长期效果，这实在不能算是一种理性的投资方式。

另外，前卫的化妆技术、好的穿衣品位，以及昂首挺胸的正确体态等，都可以起到和整形一样的效果而没有风险。更科学地来看，健身减肥能提升肉体吸引力，同时也会减少未来的医疗开支，明显是收益最高的选择。只有一种情况例外，那就是你本身已经有很优越的外貌条件，希望通过整形来进一步提升你在婚姻市场中的竞争

Chapter 1 谈恋爱是小 case,我们可是经济学家

力,即从美女变成大美女,那么整形或许是个好选择。

是否选择整形完全是个人自由,但是整形个体其实同时释放出了另一种市场信号——要么是品位不够好,无法通过化妆和衣服来修饰外貌,要么就是没有足够的意志力坚持健身,这些显然都会在社交层面造成负面的影响。

当然了,这些研究都只是为了学术交流。如果你的老婆哪天真的撒娇要去整形,你可千万别拿着本书告诉她,整形的不是品位太差就是人太懒。你只需要告诉她:"老婆大人您完美的外表会让整形医生十分为难。"谨记,谨记。

中国式相亲鄙视链到底合不合理？

在人声鼎沸的相亲市场里，供需双方明码标价，各取所需，把人生中最重大的事情用这样理性的方式来解决，实在是太经济学了。纵使哈耶克起于地下，见此情形，也会甚感欣慰。

相亲市场的出现本身是一种极为理性的经济学现象。

我们每个人都渴望找到自己最完美的灵魂伴侣，琴瑟和鸣，相映成趣。但是理论上最完美的那个人可能住在万里之外的另一个城市，永远不会和你有任何交集。

因此，现实中大多数人的结婚对象都是那个"看起来挺不错"的选择。当然了，我已经结婚，并且我的老婆也会看到这本书，所以我只能是那少数找到"最适合"对象的幸运儿，望周知。

之所以出现这样的情况，是因为搜索伴侣是有成本的，我们不可能投入无限的精力和时间来找对象。所以当人们选择安定下来时，实际上就说明了继续寻找将是一个赔本买卖，也就是说：

继续搜索伴侣的成本＞潜在的更优秀的伴侣价值

×找到他的机会

Chapter 1　谈恋爱是小 case，我们可是经济学家

假如你现在的男友是路人小张，接下去你有 80% 的机会约到吴彦祖，那么你可能会拼一下。但是如果，接下去约到吴彦祖的机会只有 10%，那么你可能就会嫁给路人小张了。

所以，搜索成本才是真爱最大的敌人。

在此，我要再次重申，不可能有比我老婆更好的伴侣，所以方程右边的第二个参数对我来说等于 0。

那些相亲靠父母的朋友，"撩妹""撩汉"的能力可能还要低于平均水平，他们的搜索成本比一般人更高。而在相亲市场上，长辈们的出现大大降低了这批人的搜索成本。长辈们在市场上花一天时间过滤掉的未婚男女的数量，可能比儿女一年能接触到的都多，这样的生产力飞跃程度，堪称婚恋市场上的工业革命。

不仅如此，相亲市场还降低了信息成本。

在网络平台，你可以靠编故事"撩妹"。在酒吧，甚至还有炫耀假车钥匙的骗子。在美国的婚恋软件 Match 上，男性平均会谎报虚增身高 1.7 厘米，男女都会虚减体重。在相亲这件事上，全世界的人都不太老实。

但是，如果完全按照房产和车来划分，一切就都诚恳得多了。这样切实的物质条件太容易验证，很少有造假的空间。

最重要的是，这个市场中已经形成了一套独立的价值体系。美貌、才华、有趣的灵魂，这些东西虽然也很可贵，但是都太难衡量。在这个市场里，房产证、学位证、车子、工资条，都是耿直清晰的"硬通货"。不会有人问："你家孩子读不读莎士比亚，爱不爱达利的画？"这是何等的高效！

而当这些以物质为基本准则的家庭都汇聚在一起时，其他想要找寻

精神伴侣的人们,也省去了很多与之交流的时间。学英语有英语角,读书有读书会,出现这样一个精确匹配的市场,实在是顺天承命。

现实链接

在相亲市场的价目表中,唯一让我不解的是属羊的人被排除。

实际上,属羊反而是一种增益。比如,当属羊的小孩都参加高考时,那一年的竞争会相对较小——大学的教育资源不可能因为属相原因而专门减少。同理,属羊的人在所有与同龄人争夺资源的竞争中,总会比其他属相更容易。

用经济学的理论讲,属羊的年份人口供给减少了,社会对人口的需求却没变,人口的价格就提高了。因此,属羊的人应该有更高的社会价格,买到就是赚到,原价嫁给你都得算打折。

经济学引申

市场供求关系是指在商品经济条件下,商品供给和需求之间的相互联系、相互制约的关系,它同时也是生产和消费之间的关系在市场上的反映。

Chapter 1　谈恋爱是小 case，我们可是经济学家

中国女性变得更爱钱了吗？

"如果所有中国女人挑选男人的标准是男人会背唐诗宋词，那么所有男人都会把唐诗宋词背得滚瓜烂熟；如果所有中国的女人都说，中国男人就是要赚钱，至于他良心好不好我不管，那所有的中国男人都会变得良心不好但是赚钱很多。我们常常说，一个国家到底好不好的关键在女性就是这个原因，就是因为女性堕落导致了整个国家的堕落。"俞敏洪老师的观点引起了我的好奇。

这个观点里有一个很明显的范围——"现代""中国"。

古代，门当户对是第一考虑要素，社会和经济地位几乎是婚嫁的唯一标准，夫妻俩在新婚之夜才第一次见面，我猜俞老师应该不是在怀念这种择偶观，就不多说了。

那么，外国女性在择偶时，对物质条件的要求是不是就低一些呢？

从发达的北美、欧洲到相对落后的非洲和亚洲，几乎所有相关领域的重要论文都指向同一个结果：收入和社会身份是择偶标准中最主要的指标；而且所有适婚年龄段女性的择偶标准都是一样，唯一的不同在于，低年龄段组更看重男性的预期收入。

这与女性受教育的程度也没关系。不列颠哥伦比亚大学的研究者提取了美国 2008—2012 年的人口普查报告,使用所有 18～55 岁的已婚女性作为样本,结论是受过高等教育的美国女性们,仍然会把高收入作为婚嫁条件。不仅如此,收入的重要性在近年来还在不断提高,也就是说,美国女人也越来越物质。

为什么女性会把物质条件看得这么重,而不是要求男性都去背唐诗宋词呢?在经济学中,这是因为男女之间存在亲代投资差异。

经济学引申

亲代投资是指亲代为增加后代生存的机会(以让其成功繁殖)而进行的投资,最早出自费雪原理。

所谓亲代投资,就是生物的繁衍成本。

对于人类男性来说,最低亲代投资是为交配所做的努力,也就是长的一个小时,短的三五分钟那种简单的交配行为。而对于人类女性来说,则包含交配、十月怀胎和生产后的大量伤痛,以及无法觅食的风险。简单来讲,男人可以玩完了就走,孩子长不长得大看运气;女人就不行了,女人想要繁衍就必须要进行大量的投入。

Chapter 1　谈恋爱是小 case，我们可是经济学家

◎ **现实链接**

这种性别间亲代投资的差异导致了人类女性对物质的看重，因为女人付出了更多的成本。其实不只是人类，大多数雌性动物都在"养育后代"这件事上付出更多，所以雄性需要通过激烈的打斗、夸张的表演去证明自己的生存本领，来争夺这张"事了拂衣去"的门票。

所以，不光是中国女性看重物质条件，外国女性也看重物质条件，连动物都看重物质条件，这是一项生物学上的本能，跟吃饭喝水差不多。

当然凡事没有绝对，冠小海雀是少数男女承担相同亲代投资的动物，所以雄雌在择偶观上比较平等，堪称俞老师口中的道德楷模。所以，我们要小心这种动物，按俞老师的观点，它们可能终有一天会取代"堕落"的人类。

查了半天女性为什么堕落，我顺手也看了一眼男性的情况。你看，男性就大不一样了，所有的择偶条件中，全世界的男性最看重的条件是 physical attractiveness，也就是性感和漂亮。男性对道德水平和宗教信仰的重视程度与女性持平。

太可怕了，幸亏现代社会女性的择偶标准影响了男性，男性只能

拼命挣钱发展经济。如果男性的择偶标准成了社会准则，全人类就都忙着整容去了，文明岂不是要灭亡了？这样看来，女权运动很可能是冠小海雀的一场阴谋。

不过我真的很好奇，即使能够"事了拂衣去"，男性也没有更看重道德和良知，反而选择以肤浅的外表（中国男人还很在乎年龄）作为主要标准，怎么能厚起脸皮指责女性堕落呢？

说起来，俞老师这个观点真的不算歧视女性，他是在歧视男性。在他眼里，男人就没其他事可做了，全中国男性的唯一目标就是满足女性的择偶标准，男人都没有道德、理想、自我实现的追求，活一辈子就为了老婆？没错，他说的就是我本人了，本月零花钱加倍吧？

最后，俞老师在视频中谈到"女人只在乎钱，不在乎良知，所以男人会变得只会赚钱而没有良知"。在俞老师心中，赚钱和有良知似乎是不能同时存在的对立条件，可他近些年，好像赚了不少钱啊。

Chapter 2

经济学家比谁都关心你的家庭问题

Chapter 2　经济学家比谁都关心你的家庭问题

大颗钻戒和浪漫婚礼能守护你的婚姻吗？

婚礼宣誓时的最后一句是："从这天开始，是好、是坏、是富、是穷、是健康、是疾病，直到死亡将我们分开。"考虑到美国近50%的离婚率，显然，婚姻有时比死亡还可怕。中国的法定服役年龄是18岁，却要到22岁才能结婚，也同样说明老婆比敌人难对付。

婚姻问题艰深复杂，影响婚姻质量的因素有很多，标题中提到的钻石也是其中之一。

美国埃默里大学的两位教授调查了3370个至少结过一次婚的受访者。根据对调查结果的回归分析，两位研究者得出结论，婚姻的长短的确跟钻石的大小有关系。

首先，钻戒太小了不行，钻戒价值在500美元以下的情侣的离婚率大于平均值。然而，大钻戒也并不一定代表着婚姻的美满。在这项研究中，订婚戒指花费在2000到4000美元的人群，其离婚的概率是花费500到2000美元的人的1.3倍。因此，一个合适的钻戒很重要。

其次，婚礼花费和婚姻长度也有相关性。婚礼花费低于1000美元的情侣,离婚的概率是所有受访者中最低的。在女性受访者中,婚礼花费超过 2 万美元时,离婚率是婚礼花费 5000 到 1 万美元的人的 3.5 倍。考虑到平均离婚率都已近半,这简直就是在为下一次结婚做演习。

最后,这个研究同时指出,参加婚礼的宾客数量与婚姻长度是正相关的。也就是说,参加婚礼的人越多,婚姻也就越长久。我想,受到亲人朋友祝福的夫妇,理应更加幸福吧。

还有其他一些因素也影响了婚姻质量,例如蜜月长度、去教堂的频率和子女的数量。

现实链接

当然了,这个研究只指出了这些物质条件与婚姻的相关性,并没有说它们之间存在因果关系。之所以会有相关性,我推测是因为中等大小的钻戒和热闹的婚礼是保守的选择,这样保守的群体本身就倾向不离婚。而大钻戒和盛大的婚礼是因为新人更有钱也更有浪漫的幻想,这个群体本身也难以安于平淡。所以,故意办一个便宜又热闹的婚礼并不会令你们白头到老。

我不太同意钻戒中包含"美好的寓意和承诺"的说法。众所周知,钻石之所以价格高昂,是因为戴·比尔斯利用垄断来抬价,而人

Chapter 2　经济学家比谁都关心你的家庭问题

工合成钻石的技术也已经非常成熟了。同时,在中国有三分之一的婚姻都以离婚收场,二手钻戒没有任何投资价值。但是,我仍然会选择一个让老婆满意的戒指,因为这里我买到的是"让她满意"而不是戒指。爱情使人盲目,而盲目到重金购买一块没用的石头,正是真爱的证明。

经济学引申

婚姻经济学是指用经济学的方法来看待和分析婚姻行为的一种理论。这种理论认为,从找对象到结婚的过程就是一个寻找目标市场、考察双方需求、认同商品交换条件直到签订交换契约的过程。婚姻也是人们为了满足本性并降低交易费用而实现效用最大化的一种组合形式,类似于企业的存在是为了比市场交易节约交易成本。

至于微信密码,我不敢相信还有人可以保留到结婚才上交,腿居然还没被打断,骨头真是硬。

因此,我想即使没有二两的大钻戒,我和我老婆也会过得很好,直到死亡将我们分开。但是,如果不上交微信密码,死亡马上就会将我们分开。

经济学家如何看待出轨？

经济学界有一位开宗立派的大宗师，叫作加里·贝克尔（Gary Becker），贝克尔教授生前是芝加哥大学经济学系系主任，曾获得诺贝尔经济学奖。他是第一位把经济学的研究方法引入生活中的大学者，他最著名的一本著作叫作《家庭论》，由哈佛大学出版社出版，这是一本关于家庭问题的划时代的著作，是微观人口经济学的代表作。

经济学引申

微观人口经济学是和宏观人口经济学对应的西方人口经济学的一个组成部分。微观人口经济学产生于20世纪50年代，主要以家庭为研究对象，研究单个家庭或居民户的人口经济关系的形成及其变化，包括家庭抚养孩子的成本、父母从孩子身上所获得的效用或收益，进行成本与效用的对比分析，以此来考察家庭生儿育女的经济决策和家庭规模的经济效应。

Chapter 2　经济学家比谁都关心你的家庭问题

西方学者还用有关消费者行为的理论、效用最大化理论来分析家庭人口的经济行为,从父母的工资收入以及其他非劳动收入,家庭的经济特征、嗜好、偏好出发,来分析夫妇的时间分配。在他们看来,时间是家庭的稀缺资源,夫妇的时间配置影响家庭的人口生产行为。此外,他们还从孩子的质量和数量的价格弹性等方面来说明决定家庭生育率高低的经济因素。

在这本《家庭论》中,贝克尔教授讨论了婚姻市场上的一夫多妻制和一夫一妻制,讨论了居民户和家庭内的分工,讨论了用经济学来计算生孩子划不划算。本来呢,这些研究跟我们今天要讨论的话题紧密相关。可是,我在仔细研读他的学术观点之后,发现他的另一个研究更有意思,今天就专门来跟大家分享一下。那就是犯罪经济学,这门学科可以帮助我们完美地理解出轨的本质。

经济学引申

犯罪经济学是用经济学的原理和分析方法,研究探讨利益因素与犯罪人的意识相互作用的规律,以及如何预防控制犯罪的对策理论的一门新兴学科。此门学科是从经济利益的角度出发,综合运用最大化假定、理性、成本等经济学的概念和方法,对犯罪的产生原因、运行过程、社会危害进行分析,并进而寻求实现社会效益最大化的犯罪控制策略。

我们都知道犯罪是错误的行为,并且犯罪者会受到法律的制裁。那么为什么社会上还会有那么多罪犯,不停地违反法律呢?从经济学的角度上看,人都是理性的,罪犯在犯罪时都认为犯罪的收益大于成本。

那让我们先看看犯罪的成本,例如购买犯罪工具、犯罪花费的时间,再加上惩罚成本等。这个惩罚成本,等于可能会被惩罚的代价乘以被抓住的概率。我这样说可能有点绕,举个例子吧。

一个偷车贼,假如被抓住之后,需要支付5000元罚款,再被拘留100天,但是他被抓住的概率非常小,偷100次只被抓1次,也就是1%的被抓概率。那么,我们用罚款5000元乘以1%,只有50元,拘留100天乘以1%,只有1天,所以这个偷车贼每偷1台车的实际惩罚成本只有50元的罚款加上1天的拘留,这时候就很值得偷车了。

所以反过来看,如果我们想要制止犯罪,要怎么做呢?一种是降低犯罪的收益,就是我们鼓励大家保护好贵重财物。另一种就是增加犯罪的成本。根据我们刚才的介绍,增加成本又有两种方法:第一种是增强罪犯受到惩罚的力度,比如偷车,只有1%的概率被抓住,但是一旦被抓住就要被判无期徒刑或者罚款100万元,那么就没人偷车;第二种就是增加他被抓住的概率,比如每偷一次车只罚款5000元,但是每次他都会被抓住,那么他就没有收益了,也就没有动力去

Chapter 2　经济学家比谁都关心你的家庭问题

犯罪了。

说了这么多关于偷车的成本,相信大家也听出来了,这和感情中出轨的情况非常相近。

出轨是有成本的,首先要受到道德的谴责,其次被发现后很有可能会造成感情破裂。

根据我们刚才说的加里·贝克尔的犯罪经济学,我们来推演一下如何降低对方出轨的概率。

首先呢,从出轨的收益端来考虑。这一点我们很难控制,因为出轨的对象不是由我们来决定的。但是有些人天生就是爱出轨,就是喜欢刺激,那么我们只能在选择伴侣的时候尽量做好调查,排除掉那些爱出轨的对象,因为出轨对他们来说收益极大。

其次呢,从成本端来考虑。怎么让惩罚成本提高呢?这里最核心的一点就是,如果他出轨,你能够怎样制裁他。一定要有可信的、可怕的制裁,才有可能增加对方的出轨成本,从而抑制出轨行为。

你看,当年冷战的时候,美国和苏联都有核武器,都跟对方不共戴天,可是直到苏联解体,足足半个世纪,双方都保持了极大的克制,没有哪一方越过红线,对对方使用核武器。这跟情感关系很相似,有的时候恨不得弄死对方,但是两个人又都懂得忍让。这是因为冷战双方善良吗?显然不是啊,到战场上杀红了眼哪里还有道德可言呢?之所以冷战几十年都没有真的打起来,唯一的原因就是双方都有可信的制裁,谁都怕对方鱼死网破。

现实链接

在情感关系中,第一个办法就是奉行出轨绝不宽恕原则。你要深信,并且反复给对方宣讲,一旦对方出轨,你就会采取决绝的手段终止这段感情——这就叫制造可信的威胁。这件事绝对不应该拿来开玩笑,打打闹闹的时候说,"如果你出轨了,看我不弄死那个小三",这样可不行。一定要永远对出轨之类的话题保持严肃,一旦提及,你唯一的原则就是我们讲的出轨绝不宽恕原则。

第二个办法,也可以提升对方出轨的成本——老生常谈,叫作"提升自己"。试想,如果你离开对方就会很不幸福,那么对方还会把你的原则当真吗?那么你对出轨的惩罚就不可信了。同时,离开一个一无所有的人和离开一个亿万富豪,成本是完全不同的。我们当然鼓励人们在贫穷和困苦中保持对爱情的忠贞,但是现实情况就是,如果你条件太差,对方出轨的成本就会很低,毕竟离开你也没有多大的损失,又怎么让人在乎呢?

第三个提升出轨成本的办法——提升对方出轨被抓的概率。我不是让你没事就去查岗,动不动就逼问对方的行踪。我的建议是,建立一个双方对等可信的报备制度。当我们询问对方的行踪时,我们经常面对的一个反问就是:"你怎么不信任我?"这个问题其实在建立关系的初期就要靠制度来解决,我推荐的一个制度叫作

"出门者自证制"。举一个简单的例子,如果我出门和朋友吃饭,起码会和老婆讲清楚我和哪些人在一起、去了哪里。这时候,交流这些信息是离开的人的责任,不是因为她不信任我,而是因为我要遵守我们相处的规则。

好了,这就是我建议你理解出轨、防止出轨的方式,希望这些技巧能够帮到你。

为什么男人们得把钱交给老婆？

在我们家，重大问题主要是我来做决策，而日常事务则由我老婆说了算。只是目前看来，世界上还没有什么事可以称得上是重大问题。所以，在和老婆交往的初期，我就上交了工资卡和保险报销账户，所有大宗的支出都需要经过她的首肯。

这主要是因为我打不过她，所以学经济史专业的我明明深知封建帝制会造成难以破解的社会矛盾，还要主动出让权利，毕竟为整个家庭缔造太平盛世，我也是功德无量了。当然，她主要演"君主"，而我的戏路比较宽，试衣服问我美不美的时候我演"奸臣"，交"租子"的时候我演"人民"。

就学术界而言，理财方面的性别差异是一个被研究了许多年的领域。按传统观点来看，女性思维方式更加感性似乎不适合理财，但研究者的结论却与此相反。

图 4 是摘自《金融时报》的一张对比图，是女性对冲基金经理人的业绩与基金经理人平均水平的比较。可以看到，从 2007 年至 2015 年，女性的表现远好于平均表现。Rothstein Kass 公司（后被毕马威

收购)曾表示,2013年,全球由女性掌管的几家对冲基金的回报率为9.8%,而同期全球对冲基金指数只有6.13%。

图4 女性对冲基金经理人业绩突出

对此,业界的分析认为,女性比男性更厌恶风险,所以在投资时趋向于稳健。稳健的投资风格使得女性损失更少,而男性则会为冲动付出代价。

另外,女性在潜意识中会把投资与安全、生活质量等联系到一起,在遭受损失时,女性的情绪体验是恐惧和担心。而男性则追求更高的回报,在遭受损失时体验到愤怒。这样一来,女性在追涨杀跌时可以更好地控制欲望。

但是,《金融时报》的这个解释有一个问题,那就是保守的投资策略在低迷的市场中是有利的,但在快速增长的市场里,保守就不是一个优势了,承担更大风险的男性应该获利更高才对。但为何在这些牛市中,女性仍然能获得更高的投资回报呢?

我想,这可能是因为在一个由男性主导的行业中,女性想要成功晋升为对冲基金经理人需要比她们的男性竞争者更优秀。对女性的歧视在这里过滤掉了不够强大的女性,所以能留下的都是精英。因此,专业人士的表现并不能指导我们判断婚姻中哪一方更应该管钱。

现实链接

那么,我们来看看普通家庭的情况。

美国加利福尼亚大学戴维斯分校的布拉德·巴波(Brad Barber)教授研究不同性别的投资差异已有20余年,他有一篇著名的论文叫"Boys Will Be Boys"(《男孩永远是男孩》)。这项研究追踪了美国3.5万个家庭在6年中的股市投资表现,其中男性的交易次数是女性的1.5倍,而投资收益却比女性低1.45%。单身男性年化换手率更是高达84.4%,而单身女性的同一数据只有50.6%。这就意味着,女性在投资时更加稳定,而且回报更高,而男性则要承担更高的交易成本。

这篇论文对此的解释是:男性因为天生更加自信,所以会更频繁地交易;而女性则追求稳定,所以持有的时间更长。

另外,女性会更多地去咨询专业人士的意见,而男性则倾向自作主张。根据《华尔街日报》的文章,在一项针对1.15万人的调查中,

Chapter 2　经济学家比谁都关心你的家庭问题

55%的女性认为自己比市场中的一般投资者懂得少,而这一比例在男性中只有27%。理论上,投资者中应该有一半左右低于平均水准,而只有27%的男性愿意承认自己水平不高,可以想象当他们投资时会做出怎样愚蠢的举动。

同时,愿意"把大多数财产投入高风险领域里"的女性只有4%,而男性则更喜欢冒险,有15%选择了"愿意"。这也就解释了为什么我们总说赌徒把家搞得"妻离子散",因为会做这种蠢事的大多是男性。

由此可见,女性在理财方面似乎更有天赋。虽然很想劝各位同胞多问问老婆的意见,但我知道你们是不会问的。

为什么养孩子越来越难了？

不知道大家还记不记得,前两年大众的柴油车出了排放丑闻,后续的赔偿和善后纠缠了大众许多年。恰好,我家有一台柴油途锐,在受害者行列之中。在等待赔偿方案期间,温太太跟我说,如果大众把这车回购,我们正好再添点钱换台 Macan(保时捷)。

我能怎么办？我当然只能假装发呆没听清,并告诉她我是"聋的传人"。于是温太目露寒光,一时间场面危急,火星四溅。万幸每逢此时,我总能靠脸灭火,用一个微笑缓解尴尬,化解危机。

换新车虽然也不错,但在我看来,额外多出的预算可以好好修缮后院,买台好用的割草机,为夏天省下不少麻烦。

这场争执,本质上是因为我和温太在一个公式上有了分歧,那就是需求收入弹性公式。

Chapter 2　经济学家比谁都关心你的家庭问题

经济学引申

需求收入弹性通常被简称为收入弹性,表示在一定时期内,消费者对某种商品需求量的变动对消费者收入量变动的反应程度,用弹性系数加以衡量。

需求收入弹性是在假设消费者偏好、该种商品本身价格与相关商品价格不变的前提下,分析该种商品需求量对收入变动的反应程度。

需求收入弹性系数可以用以下公式来计算:需求收入弹性系数(Em)=需求量变动的百分比/收入量变动的百分比。

简单说,当你的收入上升时,你对每个商品的需求并不是等比例上升的。

比如,由于你经常看我的书而变得格外机智,老板决定给你涨10%的工资。你月底拿到钱,心里美滋滋,打算请女神出去看电影吃饭,于是追妹的开销上升了50%。同时,虽然工资涨了10%,你还是照常坐地铁上下班,中午的外卖也只是加个鸡蛋,那么在通勤和午餐方面的开销只上升了3%。

这样一来,我们就知道,你在追妹领域的开销增长比收入增长要高,Em>1,所以追妹需求很有弹性,追妹是你有钱以后的梦想。同一个世界,同一个梦想。

而在吃午饭方面,开销增长要少于收入增长,Em<1,这个需求就没什么弹性。这就解释了为什么很多富豪的日常生活也很随便。

当然,如果你涨了工资之后把女神晾在一边,把钱全部拿去跟基友吃饭,买什么剑圣至宝,或者抽个"茨木爸爸"偷渡欧洲,那么可能是你的性取向很有弹性。

对我来说,割草机就有着奇异的弹性。当别人拿着额外的收入去约小老妹儿时,我眼里只有那一台为国为民的割草机。厚重,质朴,正如我本人一样。

现实链接

回到正题中,现在养孩子越来越难,很大程度上就是因为教育需求收入弹性很高。根据国家统计局的数据,2017年2月我们国家的CPI(中国居民消费价格指数)只增长了0.8%,而教育和文化领域的CPI上涨了近2%。作为对比,食品和烟草的CPI反而下降了2.4%。

可见,中国人收入越高,就会越重视教育。所以,我感受到养小孩比以前更难是因为经济的发展,大家都比以前收入更高了,教育投资的占比增加了。

其实看看周围,家长们对孩子的成长环境都特别重视,江湖传

Chapter 2 经济学家比谁都关心你的家庭问题

闻有"四大神器"在成家后不可或缺,需求收入弹性非常高,分别是:汽车安全椅、空气净化器、买房在学区、给力割草机。

行文至此,也不知道温太有没有感受到它的弹性。还没感受到的话,我可能还得再写本书。

通过现金激励孩子是否有效？

大学里的奖学金一直是有效的激励手段，但是金钱奖励在儿童教育领域的情况则完全不同。

经济学引申

激励是引起一个人做出某种行为的某种东西(例如惩罚或奖励的前景)。由于理性人通过比较成本与收益做出决策，所以他们会对激励做出反应。你将会知道，在经济学研究中，激励起着中心作用。一位经济学家甚至提出，整个经济学的内容可以被简单地概括为"人们对激励做出反应，其余内容都是对此的解释"。

为了搞清楚这个问题，哈佛大学的经济学家罗兰·弗赖尔(Roland Fryer)教授花了 630 万美元，在 261 所中小学中调查了 3.8 万名学

生,得出了很有价值的结论。

首先,如果付给学生钱让他们去读更多的书,更好地完成作业,那么,他们能很好地完成任务。这样针对学习过程的明确激励在短期内是有效的。

但是,这样做会影响学生的自我认知,并使他们感到焦虑。当学习的动力不再是内在的兴趣,而变成外在的刺激时,他们就不再主动去追求知识,而是只想获得奖励。在这个过程里,知识本身失去了美感。一旦奖金停止,他们就失去了学习的动机。

同时,直接给考试结果设立奖金是没有效果的。因为很少有学生真的明白如何获得好成绩。人人都知道,多做题就能考好。但是,并没有多少人能切实感受到学习过程和结果的关联。即便是成年人,也只有少数人真的明白如何与知识互动。这需要经历一个自发的痛苦摸索的过程,中小学生极少能到达这个阶段。

来自外界的奖励会消耗自发的学习兴趣,这个理论被称为"过度合理化"(over justification)。

经济学引申

当个体很明显是为了控制别人而事先付出不相称的报酬时,就会产生过度合理化效应。

早在20世纪70年代，就有心理学家对此进行了研究。研究者在幼儿园中设置了一个奖励，当儿童用一个特定颜色的笔画画时，他们就会得到一个奖章。在持续了一周之后，这项奖励被停止，而此后再用这个颜色的笔画画的儿童比实验前少了一半。毕竟谁也不愿意白干活。

现实链接

当人们完全没有内在动机时，外部奖励的效果非常显著。比如，金钱奖励让那些本来从不健身的人走进健身房。但是，在学习知识的过程中，自发的动机才是最持久有效的动力。物质的奖励在这个漫长的学习过程中是非常脆弱的，并且会极大地消磨求知的乐趣，那么这种奖励就变成了以牺牲兴趣为代价来换取短期的自律，非常不划算。

家庭教育的时间成本一向很高，而且非常考验父母的智能水平，成人世界的物质规则有时不利于成长。

Money talks，但小孩不会听。

然而，虽然物质奖励不一定有效，但物质惩罚或许可以作为一种备选手段。俄亥俄州州立大学的布鲁斯·温伯格（Bruce A. Weinberg）教授研究了家庭收入和体罚的关系。在年收入低于6000美元的家庭中,孩子挨板子的频率是每周 6 次;而在年收入高于 1.7 万美元的家庭中,小孩子挨揍的频率变成约每 4 个月一次。当然,这已经是许多年前的数据了。

现实链接

这是在平衡了文化和种族原因之后所得出的结论,所以原因并不是非裔墨西哥人更爱打孩子。那为什么穷人家的孩子更容易挨揍?

之所以这样,是因为富有的家庭可以通过减少零花钱或用其他的物质惩罚来代替体罚,比如不给玩游戏机、不给买新 CD 等。穷人的孩子本来就没有这些,所以就没有这项缓冲的惩罚措施。心情抑郁的穷爸爸除了暴力没有更好的选择,毕竟打孩子不花钱。所以,今天你努力挣钱,明天你儿子就少挨打。

不光是日常生活如此。平时维持合理的零花钱,想要制裁时就不必动刀动枪,只需要在经济方面"敲打"一下。

所谓落后就要挨打,诚不我欺。

如何用经济学思维解决你的家庭问题？

经过这么多年的经济学学习，我改变最大的地方恐怕就是眼镜度数和日常做决策的思路。

我周日是去打篮球还是陪老婆逛街？网络上的小老妹儿给我发私信，我是该轻浮地来个段子还是该道貌岸然地 say hi？这些问题，都可以通过经济学的分析得出最优解。

很多经济学理论都能在生活中得到应用，我来举一些简单的例子。

比如，有一个漂亮的姑娘和一个聪明体贴的姑娘同时喜欢我，我该如何做选择呢？如果把这简化成一个交易，甲方提供美貌或聪明，乙方提供英俊、才华、有力的臂弯。美貌作为一种贬值资产，在未来5年内可能只有少量的贬值，但是10年、20年后，美貌消逝的速度会越来越快，即美貌的交易仓位在当下为最高值，所以只应租赁，而不可买入持有。因此，经济学家的选择应该是：和漂亮的女孩交往，和聪明的女孩结婚。当然，我的老婆既漂亮又聪明，毕竟我不太打得过她。

Chapter 2　经济学家比谁都关心你的家庭问题

比如,要不要小孩,取决于小孩带给你的收益之和(给你带来快乐,满足你三口之家的愿望,堵住你爸妈的唠叨,小孩成年后对你的回馈)与成本(养育投资本身,这笔资金和精力的机会成本),等等。

又如,家庭成员的分工,谁多工作,谁多做家务。

但是,这里一定要注意的是,所有这些计算中所使用的衡量单位都不是钱,而是效用(utility),我自己叫它"幸福值",以下简称为 U。

每个人的决策和结论之所以不同,也是因为每个人的幸福值构成不同。如果幸福值是一种货币,它的汇率有点像人民币,即钉住一揽子外币。

我的幸福值计算公式为:

$$U = \alpha \times 钱 + \beta \times 精力指数 + \delta \times 道德指数(道德当然是可以量化的) + \gamma \times 心情指数$$

当我是学生的时候,我的钱来自父母,所以我的 α 值那时候比较高,即同样都是 100 块,那时候的 100 块带给我的幸福更多。而现在,我每天上班很累,所以我的 β 值就很高,即多一个小时的放松会让我很爽。δ 值恐怕是在不断下降,但是绝不会是 0 或者负数,我是一个有底线有节操的人。

你应该清楚地随时给自己一个刻度。

一双纪念版的篮球鞋 500 美元,一双普通的篮球鞋 100 美元。纪念版篮球鞋的 U 值是否 5 倍于普通版篮球鞋的 U 值?我并不是神经病,不会同时穿 5 双鞋,所以我可以把它换算成纪念版篮球鞋的

U 值是否大于一双普通版篮球鞋再加上 400 美元能吃到的 10 顿日本料理的 U 值。10 顿日本料理必然胜利啊!

以前我喜欢熬夜,是因为我的精力很好,好好休息带来的边际收益并不高。而现在熬夜了第二天会很累,这大大降低了我的 U 值,所以我每天 11 点就睡觉,6 点半就起床,并不是因为我勤奋。其实熬夜没有错,我不熬夜只是因为年纪大了,熬夜没有利润。

如果我周日去打球而不去逛街,我的精力指数会得到恢复,心情指数也会得到恢复。但这样做的成本是降低我老婆的 U 值,由于她有办法把她的低 U 值转化成我的,即大量消耗我的钱、精力和好心情,所以去打球的成本就骤然升高了。

我不喜欢收拾房间,因为干净的房间带给我的快乐低于我付出的精力,即如果我用同样的力气去玩,我会比得到一个干净的房间更快乐。但是,我老婆能够有办法把她的低 U 值转化成我的,所以我偶尔还是需要刷个碗。

失恋了,第二天就去夜店,是去买醉吗?不是的。你在上一段感情里的付出都已经是沉没成本,多浪费一分钟在里面都是在减少你的 U 值,所以当然要去认识新的姑娘。但我不会这样做,因为我已经无法"失恋"。

总之,经济学可以指导日常生活。实际上,现在我连小睡 20 分钟还是半个小时都会在心里计算一下 U 值。

Chapter 2　经济学家比谁都关心你的家庭问题

◎ 现实链接

有没有一个现成的答案来解决你生活中的问题呢？也许大的决策会有，但是日常的决策完全取决于你的 U 值。每个人都应该给自己设定一个 U 值公式，你可以在变量里加入梦想、家人或者世界和平，也可以把道德指数的系数弄成 0，但是这个公式一定要有。

如果你是有钱人，则你的 α 值很低，但是 β 值就很高。如果你有钱又有精力还爱做善事，那你的 α 值和 β 值都很低，但是 δ 值就很高。如果你有钱又有精力，乐于助人又为人慷慨，那请你联系我，我最近手头有点紧。

因此，宏观经济学可以经世，微观经济学足以济人。经济学是一门能帮助大家做决策的科学，把它应用在生活中，能够让你更清晰地做出选择。给自己的幸福加上一个标尺，在取舍时才能明白得失。

实际上，你心里一旦有了自己的 U 值公式，就可以开始推断其他人的 U 值公式，你就会发现别人的很多行为是可以预测的。

回到一开始的问题，一个漂亮的小老妹儿来"撩"我，如果我跟她打交道，那我的 δ 值就会略微降低，但是 γ 值就会大大增加。然而我还是不会跟她打交道，因为我老婆有办法把她的低 U 值转化成我的。

Chapter 3

你的生活就是一堂经济学课

Chapter 3　你的生活就是一堂经济学课

为什么买买买会使人的心情豁然开朗？

先从一些不相关的事情说起。

大家认为金钱跟幸福有关系吗？根据定义，幸福是指"更多的正面情绪，更高的自我满足，以及更少的负面情绪"。心理学家对如何获得幸福的研究一直在进行。现在普遍认可的影响幸福感的因素如图5所示，其中个人选择的行为占了40%，自我设置的目标占了50%，而物质条件只占了10%。因此，金钱确实能带来幸福，但是比起金钱，其他因素对幸福感的获得有更大的影响。

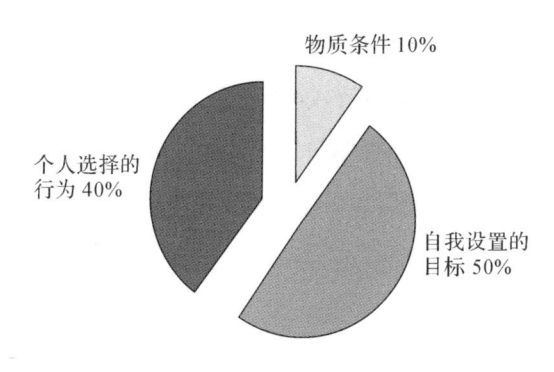

图5　3个长期影响幸福感的因素

经济学引申

幸福经济学是研究单个的决策主体对其人生(包括爱情、家庭、人生道路、工作与休闲等)的选择(权衡)的学问。幸福经济学是经济学的子集,而不是心理学或其他;既然把它划定为经济学的分支,就必须遵循经济学的基本分析方法。经济学与其他学科最大的不同在于分析方法,特别是经济学的基本假设,即"理性"——约束条件下的最大化。所有的幸福经济学理论都是由这个基本假设导出来的。

举个例子,普林斯顿大学的一项研究显示,更高的年收入会为美国人带来更强的幸福感,然而,这种相关性只存在于年收入7.5万美元以下的情况下。超过这个数字之后,人们得到的快乐就不足以弥补他所付出的成本了。

当然,这是美国的平均值,这个值在美国各个地方是不一样的。比如在纽约,人们需要每年赚16.3万美元才能得到最高的收入幸福,而在偏僻的普韦布洛,这个数字只有6.2万美元。

Chapter 3 你的生活就是一堂经济学课

现实链接

由于人类对客观条件的强适应性,多收到的钱带来的快乐很快就会消失。也许你现在幻想着中彩票之后如何狂喜,但实际上等你发财之后,你会很快习惯富人的生活,因此,改变的喜悦不会持续太久。这就好比我都帅了一辈子了,难道你现在夸我帅,我还是会偷笑? 我会。

相比收入高低,如何使用自己的金钱才是幸福的关键。相信大家都有体会,同样的钱,有时候就花得舒坦,有时候就不舒服。几位心理学家在 *Happy Money: The Science of Smarter Spending*(《快乐金钱:智慧消费的科学》)中提到了几种让人感到开心的花钱方法。比如,买体验比买实际物品更快乐;又如,当下付钱,延迟到以后使用会更快乐;再如,应该主动限量买你最喜欢的东西,而不是一次用腻;其中还有一条,就是为其他人付钱让人更快乐。

这个结论是 2008 年英国哥伦比亚大学的心理学家收集了 632 个调查样本(55%是女性)得出的,在问卷中,他们询问了在付账单、给自己买礼物、给家人买礼物、捐给慈善机构这几项选择带来的快乐。之后,他们分别在收到奖金的员工和收到 20 美元的大学生中做了分组调查,结果也是一样。虽然我个人觉得这项研究里的数据的标准差都比平均值大得多，而且这种主观调查可能需要更大的样本数量，不过这篇论文既然被《科学》(Science)发了，我也只有磕头的份，服气。

经济学引申

标准差，在概率统计中最常被用来统计分布程度。标准差的定义为方差的算术平方根，它反映组内个体间的离散程度。平均数相同的，标准差未必相同。标准差可以反映平均数不能反映出的东西（比如稳定度等）。标准差的概念是由卡尔·皮尔逊(Karl Pearson)引入到统计学中的。

分享能产生喜悦的原因是，在我们使用资源的时候，我们身体里一种叫皮质醇的激素会产生变化。这种激素的作用是抑制身体的应激反应，避免过敏和炎症，然而一旦过多，它也会削弱免疫力。当我们只为自己消费而忽略亲密关系时，这种激素就会更多地分泌，带来消极和羞愧的情绪。我个人猜测，这大概是人类进化过程里为了种群繁衍而形成的进化策略吧。

Chapter 3　你的生活就是一堂经济学课

选择多意味着更幸福吗？

我老婆的脾气很好，即便我们偶尔有争执，盯着我的帅脸看一会儿，她往往也会很快消气。

但是有一个原则性的问题，每次我们聊起，都会闹到烽火不息、硝烟四起。

"今晚吃什么？"

她很随和，总是说："你选。"

可这并不意味着由我决定，她是在要求我提出一个令她满意的方案。

"意大利面？"

"太油。"

"日料？"

"想吃点热的。"

"火锅。"

"前两天不是刚刚才吃过。"

"好好好，那你说想吃什么？"

"我都可以,你选。"

那种呼吸突然断了一拍,嘴里泛起血腥味的胸闷感,想必男同胞们都体会过。

自由很可贵,自由意味着更多的可能性,意味着更多的选择,意味着更幸福。

这似乎是当代人类的共识。

但是真的是这样吗?

在行为经济学中,有一个理论,说的是你以为自己希望有更多选择,但其实你并不喜欢面对这么多选择。

斯坦福大学的学者做过这样一个实验,他们先在超市的果酱区摆上6种口味的果酱,然后统计销量,再把果酱的种类增加到24种,再统计一次销量。

结果,选择少的时候,30%的目标客户购买了果酱,而当货架上摆满各种口味的果酱,却只有3%的客户最终购买。

因为做选择是一件困难的事,特别是在你不熟悉的领域,选择带来的不是快乐,而是焦虑。

那么,当你狠下心来在众多选项中做了选择,你就会更开心吗?

不,你不会。因为大多数时候,人们是无法验证其他选项会带来的结果的。红玫瑰、白玫瑰、让你念念不忘的前任,会被你的记忆加工得越来越美好。因此,大多数时候,选择都意味着遗憾。

那么你不遗憾,选择多就是件好事了吗?还是不对。

选择多的时候,你的机会成本就会很高。当你选择打游戏,就无法选择看书；当你选择努力工作，往往就意味着你得牺牲一些陪伴家人的时间。这样的成本，会大幅减少你的"幸福盈利"。

◎ **经济学引申**

企业为从事某项经营活动而放弃从事另一项经营活动的机会，或利用一定资源获得某种收入时所放弃的另一种收入，即为正在从事的经营活动的机会成本。通过对机会成本进行分析，企业能够在经营中正确选择经营项目，其依据是实际收益必须大于机会成本，从而使有限的资源得到最佳配置。

更多的选择还会带来更高的期待。你花一整天时间在淘宝上挑中了一件衣服，对它的期待一定会比对随手选的衣服要高。最终，即使东西品质相同，你的选择也很难满足你原本的预期。

更多的选择还意味着无法推脱的责任。当你没有选择时，你可以为错误或失败找到很多的客观理由，并且安慰自己已经尽力了，"天要亡我，非战之罪也"。但是如果每个选择都是你自己做的，无法推卸责任时，出现任何结果都只能怪你自己。

从古至今，人类根本就是一种不喜欢费劲，不喜欢期待落空，不喜欢承担责任的物种。"讨厌选择"几乎是一种必然选择。

这一理论现在已经被应用在很多领域，许多大型超市或网店针对同一类货品都开始只提供一两种选择,这样可以大幅增加销量。

看来,选择困难症的幸福年代来临了。

因此,每当听到麦当劳叔叔在唱"更多选择,更多欢笑",我总是笑笑,然后进去领一个简简单单的白色甜筒,收银员和我,都很幸福。

卖家通常都是怎么定价的？

这个主题，是我给我儿子上的第一堂经济学课，寓意深刻，不同寻常。当然，我这样说不是在占你便宜。

各位文科生都应该依稀记得高中政治书里的黑体字"商品的价值决定价格，价格随供求关系上下波动"。当年的我们太简单，有时又很幼稚，难免会轻信爱情或是教科书。这些年半真半假的情话听得太多，上面这句话就是个例子。

商品的价格并不是由价值决定的。

事实上，在一个完全竞争的市场里，商品的价格只由供求关系决定。这是经济学入门就需要知道的第一句话，是真理，也是正义和真相。供与求就像阴和阳，它们共同组成了经济学的根基。如果有人问经济学长什么样子，它应该是这样（见图6）。

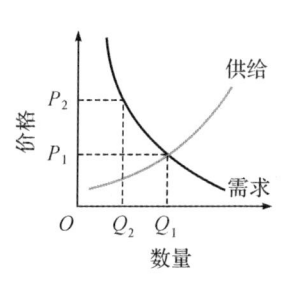

图6 供给需求曲线

纵轴代表价格，横轴代表成交数量。对

于所有商品,市场价格越高,就有越多的人想要生产,而想要买的人就越少。生产方拼命想提价,需求方只想买便宜的。在这场角力中,供求双方坚守原则寸土不让,终于在 P_1 点妥协,交易了 Q_1 数量的商品,市场达到了生命的大和谐。

在经济学中,供求双方互有所求又自私自利,所以每一个商品的定价都是这样一场相爱相杀的较量。而把买卖双方推向对方的力量是如此神秘又不可抗拒,经济学称之为"无形之手",这就是市场的力量。

经济学引申

"看不见的手"是一个隐喻,亚当·斯密(Adam Smith)用它来描述这样一种原理:于个人行为的非故意的结果,一种能产生善果的社会秩序出现了。虽然亚当在他的著作中从这种意义上使用"看不见的手"这个词只有三次——一次是在《道德情操论》中;一次是他谈到早期宗教思想时,他幽默地写了一句希腊神话中朱庇特"这只看不见的手";一次是在《国富论》中——但是这个隐喻所表达的思想是渗透在他全部的社会和道德理论之中的。

市场的力量比法律更不可违逆。因此,在市场比较完善的国家没有价格法,只有反垄断法。政府需要做的,就是让赛场干净公平,剩下的事情,场上的选手会交代一个最正义的结果。

之所以市场会这么强大，只因为经济学的一个假设，即"理性人"假设。听起来非常讲道理，其实就是说，我们每个人都是自私的，我们所有的决定都是为了我们自己好。明白这个之后，以后你每次在淘宝跟客服讨价还价的时候，都会感觉有一只无形的手在背后支持着你。卖家如果敢说你小气，就请你告诉他，你这是在履行市场中唯一的正义。

经济学引申

"理性人"假设是指，作为经济决策的主体都是充满理智的，既不会感情用事，也不会盲从，而是精于判断和计算，其行为是理性的。在经济活动中，主体所追求的唯一目标是自身经济利益的最大化。如消费者追求的是满足程度最大化，生产者追求的是利润最大化。"理性人"假设实际是对亚当·斯密"经济人"假设的延续。

人们经常会抨击灾难之后提高物价的店家和给药物定高价的生物公司，但其实这并没有错。高昂的价格会使得在灾区卖水以及投入大量科研经费去开发药物变得有利可图，从而确保真正需要的人得到有力的供给。如果哪天取消药物专利，所有药品按生产成本计价，那么短期内可能对患者有益，长期看则不会有公司再去研发新药,这只能让所有人受害。要怪只能怪市场,它就像个无情的独夫,顺之者昌,逆之者亡。

然而,赛场并不一定是公平的。在这场较量之中,还有一个大魔王叫作"垄断"。当卖方完全把持着供给曲线时,市场不存在竞争,他就能够随意定价,予取予求,而需求方的战士则完全没有还手之力。这时,垄断方完全掌控了市场,做出的定价只对自己有利,这也就不再正义。

当然了,完全竞争市场并不存在,完全的垄断也不存在。我们生活中所见到的大多数情况是介于两者之间,即市场上存在一定的竞争,但是信息也不是完全对称的,隔壁店便宜10块钱你也不知道。这时的情况就复杂多了,但是总体上价格还是取决于供需关系和替代品价格。所以,商业上同质化的产品只能比拼价格,而另辟蹊径则有机会在小范围内达成品牌垄断。

现实链接

虽然说的是商品,但是人也一样。本质上你的劳动力也是一种商品,你是卖方,而雇用你的人是买方。因此有些人说,苹果很邪恶地使用富士康的廉价劳动力。其实让劳动力价格变低的不是苹果,而是其他的血汗工厂。如果我们强行人为地把工人工资提高,那价格就会变成图6中的P_2,需求减少,造成很多工人失业。因此,政策干预市场是有风险的。

Chapter 3　你的生活就是一堂经济学课

　　爱情也是一样,市场中跟你水平相当的竞争者越多,供给就越多,在需求不变的情况下,你的成交价格就越低。所以你要做的应该是不断提升自己,当跟你一样优秀的人不多的时候,你自然会身价倍增。千万不要像我一样,每次跟别人吵架,别人骂我"不就是靠脸吗",我都不知道该怎么还嘴。不过这也是有原因的,你看现在的当红偶像有张艺兴、李易峰、温义飞等,名字都很有规律。

为什么优惠促销越来越复杂？

这几年的大型促销活动,无论是"双11"还是"618",都有一个很明显的趋势,就是优惠规则越来越复杂。什么满50元送30元抵扣券,实付满300元第二单75折,搞到现在数学不好的人都不好意思参加"双11""618"了。这是为什么呢？按一般常理来说,商家把折扣做得简单明朗是最容易吸引客人的,把促销弄得无比复杂,只会让一些客户望而却步,懒得去消费了。

这体现了经济学里的一个定价策略,叫作"价格歧视"。在讲价格歧视之前,我们要先明白一个概念,叫作"销量的最大化不等于利润的最大化"。这个概念有点绕,我来解释一下,就拿卖烧饼举例:一个烧饼成本1元,如果卖每个2元,那么卖10个烧饼可以赚10元;如果卖每个20元,一个烧饼就能赚19元。薄利多销确实是一种策略,但是卖得多不一定赚得多。

Chapter 3　你的生活就是一堂经济学课

◎ 经济学引申

价格歧视实质上是一种价格差异,通常指商品或服务的提供者在向不同的接受者提供相同等级、相同质量的商品或服务时,在不同接受者之间实行不同的销售价格或收费标准,这是企业通过差别价格来获取超额利润的一种定价策略。价格歧视是很常见的。

商家优惠促销的目的是赚更多的钱,而不是卖更多的产品,这个道理大家都能明白。那么,如果一味地降低价格,压低单个产品的利润,那么即使卖了很多也没有意义,全部白干。

◎ 现实链接

所以如果你是商家,最好的情况是什么呢?让有钱的人多出点钱,多为你带来点利润;同时也不放弃穷人,给穷人卖便宜一点,少赚一点。这样加起来,商家的利润是最多的。可是问题又来了,商家怎么区别哪些人在价格高的时候也会买,哪些人就只会在便宜的时候买呢?客户也不傻,每个客户都会说,你再便宜点我再买,谁也不会主动告诉商家说,你定高价也没事。商家只能一视同仁,如果一味降价,就又回到了刚才说的,卖再多也不赚钱的情况。

这时候,复杂的优惠策略就有用了,它能够帮商家区分消费者。哪些人会为了几十元的折扣反复计算,弄明白规则再买呢?是那些最在意价格的人,对价格最敏感的人,对不对?因为弄清楚优惠规则是有成本的。

第一个,也是最明显的,是时间成本。在官网上读优惠规则,然后到商家那里一点一点算怎么才能便宜,说白了,只有很闲的人才有空去做这些。

第二个,是选择权的成本。优惠往往会带着一些限制条件,比如只能在特定的商铺购买特定种类的商品,或者优惠券只能在某些时段内使用。这些限制会让人不舒服,有条件的消费者都不愿意被人指挥。

第三个,是搜索成本。如果想要用最合适的价格买到自己需要的商品,是需要设计出一套购买方案的,这非常考验人的耐心。

这三个成本所带来的结果就是一种筛选。把对价格特别敏感,不介意花时间、花精力省点钱的人筛选出来,对他们就便宜一点,给一些优惠,适当赚一点就成交了。同时呢,那些不太在意价格的顾客,还是得付较高的价格,这样商家就没有在优惠活动里损失掉原本可以获得的利润。

这种定价策略我们其实很早就见识过,比如说肯德基的套餐优惠券,或者电影院的学生票。学生是一个很大的消费群体,可是他们的经济能力又有限,那么专门给他们这个群体优惠,就能在保证整体票价的基础上,多卖一些额外的票。

除了价格歧视这种定价策略以外,制定复杂的优惠方案还有另外一个用途,叫作"价格混淆"。对于商人来说,最喜欢的人是消费者,最不喜欢的人是竞争对手。所有商家都希望自己能垄断,不要有人来跟自己争。那么把优惠活动搞复杂了就有这样一个好处,让消费者无法货比三家。

经济学引申

价格混淆是指,在商业活动中,商家为了掩盖商品的真实价格而对定价规则进行复杂化的过程。

我举个简单的例子,2个杯子,一个原价30元,另一个原价20元,如果只是简单地打5折,那就是一个15元,另一个10元。这样比较起来很容易,一般人一看就能做出合适的选择。可是呢,如果把优惠政策设计得复杂一点,买30元的杯子可以用满80元返20元的优惠券,买20元的杯子打75折再送一包零食。这样定价之后,你要怎么在两个杯子中间做选择呢?几乎没办法比较了对不对？这样商家就达到了他的目的,给竞争制造一些混乱,这就是商家的天性。

现实链接

在明白商家这样的定价策略之后,我们要怎样做出消费决策呢？我"双11"不买东西是不是就亏了？我认为不是的。

如果你比较清闲,有空去琢磨优惠的规则,那么当然可以趁"双11"买点东西。如果你不太在意开销,那你也不亏,因为你的时间很值钱呀。

Chapter 3　你的生活就是一堂经济学课

日常购物有哪些常用又有效的技巧？

前不久我陪我妈去过一趟超市，买了一些零食还有国外管制的消炎药。那是一间当地的卖场，门脸熙攘，嘈杂混乱。

然而走进去没几步，我立刻就察觉到了这家超市的独特气场。

"有高手。"我凝目开始观察。

这店出入分门，右进左出。人群中大多数人惯用右手，这样的分布结构便于人们从货架上拿东西。

入口处的装修色调偏冷而悦目，会减慢人的步伐。一旦大多数顾客下意识地开始缓步，走太快就会显得格格不入。

平均身高的水平视距摆着高利润的商品，这是零售业的基本常识。可是在儿童水平视距上摆上零食和甜品，让我不禁暗赞了一句："好身手。"

每一个超市都是一个猎场，你可能是猎手，也可能是猎物。你是否认为是你自己做出了购物的决定？行为经济学和心理学发展到今天，我们早就认识到了"理性人"假设的天真。

消费者在购物的时候从来都不是理性的，商家们明白这一点，而且在不断利用顾客的不理性。

经济学引申

价格经济学是研究商品价格的形成及其变化规律的经济学分支学科。现代的价格经济学是一门年轻的、正在发展和完善的学科。

价格经济学的研究对象包括价格形成规律、价格变化规律、比价和差价以及怎样运用价格杠杆为生产经营服务等。

在现实经济生活中,各种商品价格相互之间具有系列衔接关系,既有纵向联系的差价关系,又有横向联系的比价关系。价格运动不仅会发生水平变化,还将引起种种连锁反应。

探索价格运动的目的,是把握价格运动的规律,以便发挥价格的杠杆作用,为生产经营服务,从而使价格经济学研究对象同研究目的统一起来。

我在买东西的时候总是问自己三个问题,让自己计算。

第一个问题就是"为何这样卖"。只有当你知道商家在如何影响你的判断时,你才能排除这些干扰,做出有利于自己的选择。我们继续用超市举例。

常用生活商品往往摆放在店内最深处。鸡蛋、牛奶之类的产品

Chapter 3　你的生活就是一堂经济学课

能吸引你逛完整间店。

舒缓的音乐和明亮的装修可以延长顾客的逗留时间，这往往就意味着更高的销售额。所以做生意的朋友，请别在店里放"新年好"或者其他快节奏的音乐。

大型超市的地砖从来不是统一的。在几排高利润的货架区，地砖会有让人感觉"高级"的材质和花纹。如果还有行家指点，这里的地砖会略有不平，这样当顾客推车经过时，会下意识地减慢速度。

店家的心机还远不止于此。高手会在商品价签上删掉"元""￥"等符号和字眼，一个单纯的数字会减少商品和钱的逻辑关联。根据《时代》杂志上的统计，使用"＄"符号价签的坎贝尔公司罐头汤，每103个顾客才会有一个购买，而改用纯数字的价签，每14个顾客就有一个购买。

当你看到"限时抢购""每人限买3个"之类的标志时，是不是觉得它并不会影响你的决定？然而你嘴上说着不要，身体还是很诚实地躁动起来，为什么呢？这是人类进化过程中产生的天性，那些被限制供应的物品，特别是对有限食物的储藏，是会给人们带来生理快感的。"限时抢购"会刺激你体内的多巴胺分泌，再聪明的人也没办法控制自己的激素。

我们知道，对超市来说更高的利润，对顾客来说就是不太划算的支出。因此我每次逛超市，都会利用超市的设计，在边边角角的货架找性价比，在推车时保持速度均衡，永远不在排队交钱时碰收银台边上的那几样商品，那是全超市利润最高的存在。

/ 77

如果你很难把经济学的逻辑和对手的心机随时放在心上,最好的办法是去超市之前列一张购物单。

我问自己的第二个问题是:"物品本身的价值是什么?"

这是个很好理解的理论,我们在买东西的时候,支付的不光是东西本身的生产成本,还包括广告、人工、地租等各项附加成本。所以我每次回国去药店买药,都会要求药店店员为我推荐,然后把他们推荐的品牌全部排除。原因很简单,药品的回扣是公开的秘密,店员推荐给我的药一定是他们收回扣最多的药。如果同样的价格,一种药多支付了回扣给店员,那它的质量一定会比较差,不然就无利可图。

同样的道理,那些流量很大销量很广的快消品,比如可口可乐和(此处承接广告),每一个产品中的附加成本很低,买起来就比较划算。我无法知道每件商品的生产成本,但是我大概可以猜出它的附加成本,而附加成本过高的商品往往不太划算。

为什么我在上面的广告位要加上可口可乐?这就是在利用各位读者的"锚定心理"。这也跟我的第三个问题相关,即"对我的效益是什么"。

经济学引申

锚定效应,一般又叫沉锚效应,是一种重要的心理现象,指的是人们在对某人某事做出判断时,易受第一印象或第一信息支配,它们就像沉入海底的锚一样把人们的思想固定在某

Chapter 3　你的生活就是一堂经济学课

处。如早上喝豆浆时,第一间店服务员问"先生要不要加鸡蛋",那"加"与"不加"即是"沉锚"。但第二间店服务员若问:"请问先生,加一个鸡蛋还是两个鸡蛋?"则"一个"或"两个"便是"沉锚"了。显然第二个问题更有利于促销,这就是锚定效应在起作用。

不客气地说,大多数人在消费时并不清楚商品本身的价值。当年"珍珠王"萨尔瓦多·阿萨尔开发出黑珍珠的时候并没有多少顾客,因为没人知道它值多少钱。于是他把黑珍珠放在第五大道耀眼的橱窗里,在所有提及它的广告里放上钻石和红宝石。自然,黑珍珠从此晋升为名贵的珠宝。

最常使用"锚定"手法的商家应该是家具行和电器行。很少有人真的知道一件家电的成本,但是如果把冰箱 A 和一个功能相似但是贵 30% 的冰箱 B 放在一起,人们自然会想要买冰箱 A 来占便宜。

现实链接

你不可能了解每一个你要买的东西,但是你可以了解你自己。在购物时建立自己的效益体系,会让你受益。

最简单的方法就是,找一个能持之以恒带给你快乐、幸福的商品,以它的价格为标杆来衡量其他消费是否值得。比如,你最喜欢吃街角的四川火锅,每次去吃要花 200 块,你觉得价格合理并且会让你心满意足。那么，每当你无法决定是否要买新东西的时候，就可以把它换算成火锅。一台任天堂 Switch 不再是 2000 块，而变成了 10 顿火锅，你不需要真的知道任天堂 Switch 的成本，但是你知道 10 顿火锅是至高荣耀，可能就会冷静下来不要买任天堂 Switch 了。

这种购物理念不一定能帮助你买到客观上最物美价廉的商品，但是一定能帮助你买到给你个体带来极高效益的商品。同理，在追女神的时候你想送她一个很好看的包包，然而这个包可能价值 50 顿火锅，而你认为女神带给你的快乐大约只有 30 顿火锅，那么，说实话，你真的会……孤独终老。

提到女神和包包，顺便来讲讲奢侈品。

奢侈品的定义有很多种，但是我觉得它的本质是稳定地提供高质量商品的品牌，这个特征不是每一个人都需要的。要知道，商品的价格和品质不是简单的线性关系。

经济学引申

奢侈品，在国际上被定义为"一种超出人们生存与发展需要范围的，具有独特、稀缺、珍奇等特点的消费品"，又被称为非生活必需品。

Chapter 3　你的生活就是一堂经济学课

奢侈品在经济学上讲,指的是价值和品质关系比值最高的产品,又是指无形价值和有形价值关系比值最高的产品。奢侈品的消费是一种高档消费行为,奢侈品这个词本身并无贬义。中国是全球奢侈品消费的大市场之一。

一件普通的衬衫卖 100 块,一件用料稍好的衬衫卖 200 块,一件用料、设计和针脚都很好的高级衬衫卖 1000 块。可是第二件衬衫并没有普通衬衫的 2 倍好,高级衬衫更没有普通衬衫的 10 倍好。如果你很有钱,当然支付 1000 块买高级衬衫,虽然 200 块的衬衫里可能也有不错的,但是那需要你花时间去挑选。007 的整个衣柜都是 Tom Ford,又挺又贵,但其实有些冷门牌子也能穿出接近的效果,可你总不能指望他能空出一个下午不耍帅、不把妹、不杀人地逛商场吧?所以说,奢侈品的高价格是一种高品质的保证,但不代表低价格就买不到高品质的商品。

也正因为如此,我不支持很闲的人买奢侈品,因为他有精力在替代品中选到品质接近而价格大幅降低的相似商品。更不要提我们上文提及的附加成本。奢侈品牌的租金、柜员和广告费用高昂,你在购买时,必然要承担这部分对你无益的开支。

当然,如果我家"败家老娘们"买了开心,我就觉得应该买买买,划不划算又如何?难道我还打得过她?正所谓"见大利而不趋,闻祸端而不备,浅薄于争守之事,而务以仁义自饰者,可亡也"。这也正是我想说的最重要的技巧,你买得开心,就是值。

总之,我们永远无法在购物时了解每一个商品的市场价值,完全理性地购物是不存在的。既然我们无法从商品的角度选择,那么,我们可以站在卖方的立场破解心理暗示,然后以生产者的立场衡量广义成本,最后回归自己内心的体验来做出购买决定。

Chapter 3　你的生活就是一堂经济学课

为什么奶茶要选大杯的？

在这里我想先跟大家分享一份账单，这是一家奶茶店的成本分析。

杯子：8分到2毛钱每个。

红茶成本：每杯1毛8分。

成品黑珍珠：平均一杯用量4毛钱左右。

奶精：平均每杯1毛钱左右。

其他，如甜蜜素、香精，成本基本可以忽略。

所以我们说一杯奶茶的物料成本大约在1元以内，现在有些高端奶茶店比较讲究，直接用鲜奶来做，那么一杯最好的奶茶物料成本也就在2元以内。这样一杯奶茶市面上卖多少钱呢？便宜点的10元8元，贵一点的要二三十元。

奶茶店是这样，咖啡店也一样，我记得几年前星巴克的成本核算曾经曝光过一次，一杯28元咖啡的成本大致如下：电费大约在9元，广告和市场费用是6元，房租4元，行政开支和人工是3.7元，排在最后面的是原材料，成本只有2.7元。我们可以看到，这些饮品店的成本结构基本是一样的，物料成本所占比例极低，场地、水电和人工成本才是大头。

讲到这里，我们可以介绍一个经济学上的概念——边际成本。一般而言，无论是开一家工厂、一个餐厅还是其他任何形式的公司，它的成本都由两部分组成：第一个是固定成本——你工厂的厂房、工厂的工业用地、工厂的机器，这些不管生产多少产品都需要投入的成本，叫作固定成本，这不难理解；第二个是边际成本，所谓的边际成本，就是你每多生产一个产品就多花费的成本，主要是物料成本和电费等，你也可以把边际成本理解为你停止生产就可以停止支付的成本。

经济学引申

边际成本指的是每生产一个单位的产品（或者购买产品）带来的总成本的增量。这个概念表明每一单位的产品的成本与总产品量有关。比如，仅生产一辆汽车的成本是极其巨大的，而生产第101辆汽车的成本就低得多，而生产第1万辆汽车的成本就更低了。

边际收益是指每增加一单位产品的销售所增加的收益。它可以是正值，也可以是负值。边际收益是厂商分析中的重要概念。利润最大化的一个必要条件是边际收益等于边际成本，此时边际利润等于零，达到利润最大化。在完全竞争条件下，任何厂商的产量变化都不会影响价格水平,需求收入弹性对个别厂商来说是无限的,总收益随销售量增加同比例增加,边际收益等于平均收益,等于价格。

工厂即使赔钱也要开工,有时候就是因为固定收益已经投进去,即使停产也拿不回来,那么不如用少量的边际成本维持团队和渠道的运转。

边际成本是一个特别有意思的概念,非常的实用。例如,你去一趟博物馆,去的路上乘车要花费2元,办一张博物馆的年票,500元不限次数。那么此时,年票的投入就是你的固定成本,你每次去博物馆的边际成本就变成了2元车费。

现实链接

那么此时我们再来看刚才的奶茶店问题。奶茶店的成本中,场地、人工、市场费用等都是固定成本,不会因为多卖一杯或少卖一杯有什么区别。你去买奶茶,店员做一个大杯和做一个小杯花费的时间也是大差不差的。那么此时,从小杯到大杯,这多出来的一部分奶茶,是最便宜的。

消费者既然已经支付了固定成本,再稍微多支付一点边际成本就可以获得更大的收益,消费者也觉得很划算。所以在奶茶店买大杯,对商家和顾客是双赢的选择。

既然有边际成本,就一定也有边际收益。你在很饿的时候吃了一个包子,非常舒服,这个包子给你带来了极大的边际收益。吃第二个包子的时候,即使是同样的包子,带来的边际收益也减少了,再吃第三、第四、第五个包子,你得到的边际收益越来越少,这就是边际收益递减定律。

现实链接

我们在拥有一个商品后,每增加一个新的同样的商品,收益都会减少。所以我常常提醒自己"断舍离"。

断,就是少买。你已经有8双鞋了,此时再看到一双新鞋,你感觉跟第一双鞋的款式价格都相似,所以如果你真的把它买回家,就会发现一年只穿一两次,根本不实用。这不是说这双鞋本身不好,而是对拥有了很多鞋的你来说,它的边际收益非常低。

舍,就是舍得扔掉。一两年都不穿的衣服、不看的书籍,不管你当初买的理由有多么充分,它们对你而言就只是占据空间的累赘,没有任何边际收益,却有很高的边际成本。所有类似的东西都应该及时处理掉,包括一段只带来坏情绪的感情。

离,就是远离物质诱惑。消费主义的一个走向就是,你买的东

Chapter 3　你的生活就是一堂经济学课

西越来越多,但是能让你快乐的东西却越来越少,小时候买一个喜欢的玩具或者爱吃的零食就能开心很久,现在买车买房也只带来短暂的开心。幸福的体验是会变迟钝的,无论再喜欢的东西,如果太多了也只会使边际收益递减,所以不断用物质来刺激自己结果不会好。

选餐厅有哪些不可不知的秘诀?

学了再多经济学,有些问题你还是没办法回答。比如"这秤是不是坏了?""这女的下巴动过刀吧?""她为啥又生气了?"之类,其中最令我痛苦的问题就是:"今晚吃啥?"

对餐厅的偏好是很主观的选择,经济学没法建立一个模型告诉你哪家餐厅最好,我只能尽量给你提供一点建议。

现实链接

如果推荐一家餐厅的都是网红、潮人或者妆容精致的正妹,那它可能不会特别好吃。因为这类人群的主要需求是格调,菜品味道并不是必要条件,毕竟若背景里的其他人都是光膀子大汉是没法自拍发朋友圈的。在营造气氛和环境的同时追求食物好吃,对店家来说难度很大。

正宗的清真餐厅是一张安全牌。因为清真餐厅不能卖酒,所以不能像一般餐厅那样靠环境、靠卖酒获得利润补贴,因此它们必须在菜品味道上下功夫。另外，清真餐厅对肉类卫生要求比较高。

开业 4 到 6 个月的餐厅是优选。餐饮行业的市场分布非常极端，火爆的餐厅永远都有人排队，生意差的餐厅只能勉强维持，真正不温不火的餐厅很少。所以活到了半年还有生意说明品质不会太糟，并且已经过了运营的磨合期，无论在采购还是服务方面都有了一些经验。

但是做久了以后，管理团队和大厨可能就会转移重心到拓展经营上，从而影响食物的品质。这点在米其林级别的高端餐饮界比较常见，我试过的米其林加起来也有十几颗星了，但是实话实说，单就食物味道本身来说，并没有特别惊艳。又比如戈登·拉姆齐（Gordon Ramsay）在伦敦的店，盛名之下其实难副。

赌场餐厅不会让人太失望，原因很简单：赌场餐厅的营业方针就是吸引顾客而不是单纯盈利，这样的"交叉补贴"可以确保性价比。

经济学引申

交叉补贴是一种定价战略。其思路是，通过有意识地以优惠甚至亏本的价格出售一种产品（称之为"优惠产品"），而达到促进盈利更多的产品销售（称之为"盈利产品"）的目的。

在常居城市掌握几间不为人知的小馆子,无论是约会交友还是谈生意都很有必要。但是如果去了不太熟悉的餐厅,要怎样点菜呢?这里我想透露一点饭店菜单的设计技巧,方便各位读者理性地点菜。

首先,由于我们的标杆心理,翻开餐单的第一眼会让我们对这间餐厅有一个大致定位。因此,餐单右上方常常是比较贵或者利润较高的菜品。想一想,那是不是你每次第一眼看去的地方?

其次,餐厅需要主动帮你限制选择。一个类别的食物最好有7~10种选择,再多的话人们就不会去点了。人类真的很有趣,我们喜欢有选择权,但是我们不喜欢选择本身。太多的选择会造成恐慌和烦躁,这也被称为"选择超载"。菜单上还会故意设计几道特别贵的菜,以便让其他的菜看起来价格合理,然而那几道菜厨房甚至都不会备货。

最后,菜单的颜色常常是红色。很简单,我们是动物,红色会刺激食欲。同时在上面添加照片也能增加消费额。而菜名经常是会让人产生快乐联想的名词,比如外婆、张妈。所以虽然大厨往往是男人,你也很少会看到"×叔水煮鱼"之类的名字。如果哪天我看到"二大爷杀猪菜",我会想,如果不点这道菜,老板是不是还得削我?

坦白讲,如果你不是餐饮业从业者,上面这些设计对你并没有什么用。但是你依然能从中得到收获。想象一下第一次约会,话题中断尴尬沉默时,上面这些冷知识是不是"把妹大法"呢?

不过话说回来,选餐厅就像追姑娘一样,重要的绝不是常见的花样技巧,真诚才是唯一的方案。我依然记得在某沿海小城,现捞现做、大锅快炒的海鲜大排档是如何简单真诚地让我现场崩溃,依依不舍。我相信我老婆爱我也一定是因为我真诚。哦,也许还有一点点剑眉星目,身材伟岸,聊天有梗,爱好买单。

怎么才能买到实惠又时尚的衣服？

在讨论买衣服的策略之前，我们可以先看看时尚卖方的战略。

还在上学的朋友们可能没有经历过衣服可以穿好多年的时代。因为近10年来，服装领域的大趋势是所谓的"快时尚"。欧洲称之为"Fast Fashion"，美国叫"Speed to Market"，也有媒体发明了新词"McFashion"，意思是跟麦当劳一样的快餐时尚。这一趋势是服装产业面对购物网络化和消费者年轻化的一种战略调整，主要策略就是快速、新颖、低价、款多、量少。兴起这股风潮的是西班牙品牌ZARA，另外forever 21、H&M、优衣库和GAP也都紧随其后地执行这一策略。

ZARA的产品从图纸到终端卖场只需要一周，H&M和forever 21更是要求店面每天更新。然而，这几家店在中国市场并没有被定位为快速翻新的中低端品牌，原因是在这个方面它们没法跟淘宝上大批量的中小卖家竞争。淘宝虽然并不是卖家，但是这个平台的特质也符合"快时尚"的定义。

所以今天消费者所面临的市场，与以往任何时代都不相同。商

Chapter 3　你的生活就是一堂经济学课

家们利用科技和营销理念的发展在不断进步。作为消费者,如果你还像以前一样纯情,很容易就会被卖方制造的趋势所裹挟。

为什么"快时尚"不利于消费者?

首先,看起来单件便宜的衣服其实并不便宜。以前的流行时尚,每年只有冬春和夏秋两季,而现在每周你都能看到新的板型上市。这个节奏是被卖方改变的,而你可能不知不觉就被带了节奏。

为了追求快速更新,这些卖家牺牲甚至故意放弃了服装的质量,迫使消费者不断更新衣橱。2014年全球共销售了800亿件衣物,这一数字是20年前的4倍。这样一来,消费者总的购衣费用就会提高。想象一下,如果这些牌子的产品能经久耐用,那它们如何赚钱?衣服在历史上第一次被我们变成了快速消耗品。

其次,快时尚带来环境和健康风险。有毒化学品在快时尚品牌中被广泛使用,因为它们便宜并且被用作面料时的表现力更强。而在原材料产地大量使用的杀虫剂会危害当地环境。最重要的是,衣服变成了消耗品之后,会被大量地丢弃。一个美国人平均每年要丢弃82磅(约37公斤)衣服,很多材料是难以降解的人工合成物。我知道很多妹子为了漂亮根本不怕死,但是也请你好歹考虑一下地球的感受。

作为一个普通人——我其实是一个网络新晋性格男星——我自己在买衣服的时候会有这样一番思量。

第一,不要时尚。追求时尚是高风险高成本的事情,流行的趋势变换越来越快,需要投入很多钱和精力才不会过气。而我又不需要时尚带来的收益,因为我都靠内涵和脸。所以,永不过气的经典款是我的优选。不管多大年纪的男性,衬衫+夹克(blazer)在任何场合都很得体,加上马甲就可以应付高级酒会,搭配牛仔裤和靴子又很俏皮,我真是一个机智的 boy。纯色 T shirt 和其他基本款更是完全不需要买大牌,只要摸起来舒服,就可以在打折的时候买上一堆。这样一来,数量不多的衣服就可以穿出很多新意,也就省下了很多开支。

第二,时尚杂志不是你的好参考。时尚圈是没有批评家的,因为时尚品牌是媒体的衣食父母,所以杂志不会说坏话。如此一来,搞清时尚前沿对普通人来说需要投入的精力是难以承受的成本。最简单的方案就是问周围懂衣服的朋友,找一个适合自己的路数,然后一直保持下去。

第三,我在一个时期会选择风格合适的一个品牌,所有的衣服裤子全部在这一家店购买。这样的好处是,一家店的设计师会追求风格协调,这样买来的所有配件全部可以自由搭配,材质和色调不会有冲突。专业的事情交给专业的人做是经济学追求效率的体现。我近一年逛街只逛一家店,也省下了很多时间和精力。当然,这家店不能是快消时尚品牌。

第四,计算次价比。这是阻止自己买廉价次品的好办法。所谓次价比,就是把买衣服当租衣服,想一想买到这件衣服之后,你会穿几次。考虑到高品质衣物的使用寿命,它们其实比淘宝货更便宜。

Chapter 3　你的生活就是一堂经济学课

第五,关于奢侈品。

我一直不太喜欢奢侈品,因为作为一个理性的经济学人,我难免会计算一下奢侈品的无效溢价。但是我家"败家老娘们"为了买包,不断在给我洗脑。内容总结为图7。

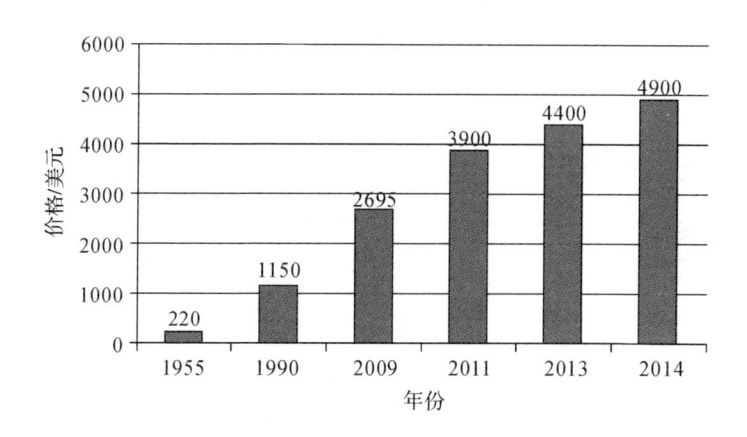

图7　1955—2014年香奈儿2.55复刻版的价格走势

经典款的香奈儿2.55,其价格上涨速度比得上一只绩优股。她说如果将买包看成是投资,早点买一些包是非常合算的。如果其他女生想要说服男朋友,也可以用这个理由。

对我来说,虽然看似很有道理,但我知道这些包进了她们的衣柜你就别想再拿回来,就跟在中国买保险不能算投资一样。同时我更知道,女人的话就像每一款软件的用户协议,无论内容是什么,你都只能点"同意"。

关于机票，有哪些有趣的研究？

如何买到便宜的机票，似乎已经变成了一门玄学。

买机票动不动两天涨几百，买股票时就从来不这样。唉，扎心。

根据统计，出发前 53 天左右是机票价格的低谷，国际航班要再早一个月；周二的票价比周五要便宜，因为航空公司的系统会在周二放出折扣；去旅游城市的机票要比去商业城市便宜，游客总能换地方玩，可商人不能换地方出差。

经济学引申

信息不对称指交易中的各人拥有的信息不同。在社会、政治、经济等活动中，一些成员拥有其他成员无法拥有的信息，由此造成信息的不对称。

在市场经济活动中，各类人员对有关信息的了解是有差异的。掌握信息比较充分的人员，往往处于比较有利的地位，而信息贫乏的人员，则处于比较不利的地位。

Chapter 3 你的生活就是一堂经济学课

不对称信息可能导致逆向选择。一般而言,卖家比买家拥有更多关于交易物品的信息,但反例也可能存在。前者例子可见于二手车的买卖,卖主比买主更了解将要卖出的车辆;后者例如医疗保险,买方通常拥有更多信息。

这些数据非常走心,但有时你就是需要一场说走就走的旅行。比如人在上海的女神忽然空窗相召,又或者家住雄安的前男友提出复合。此时,如果还有人劝你 53 天后再去,那肯定是喝多了假酒。

然而,此时还有一种买廉价机票的方法,叫作"隐匿城市法"(hidden city)。

🌐 现实链接

我们在日常生活中买可乐时,大杯总比小杯贵;看我的书总不如看我的脸。但这些常识在买机票时就不一定有效。比如,从纽约到洛杉矶的机票卖 500 美元,但是从纽约出发,在洛杉矶中转,最后抵达拉斯维加斯的机票可能只要 300 美元。乘客如果放弃后半程航线,趁中转时下机,就可以省下 200 美元。

为什么飞得远反而更便宜?这是航空公司的定价策略造成的。成本并非价格的决定性因素,机票价格主要取决于市场需求。大城市之间的旅客总是很多,机票不愁卖。飞往冷门城市的需求相对较少,航空公司之间为了争夺客源,反而会压低价格。

美国一个 22 岁的小哥就利用隐匿城市法建立了一个比价网站。此举让航空公司损失惨重,所以不久小哥就遭到了美联航的起诉。小哥于是发起众筹,一时间万众声援,短短几周就募集了 3 万多美元来应对起诉。根据报道,目前为止这样做并不违法,就像在餐厅点了一桌菜而不吃,餐厅也不能处罚你。唯一需要小心的是在中途下机时不能说谎,不然就涉嫌商业诈骗。

虽然表面上群众吃了大户,但长远看来,这样订票对旅客也并非好事。

首先,如果太多的人这样订票,航空公司只有提高航班的价格,或者干脆取消冷门航线,最终这还是由遵守规则的乘客买单。其次,旅客在中转时离开,可能会造成后半程航班为了等人而延误。最后,机票卖得多就会涨价,后半程航线的机票也就会更贵。即使不用博弈论,简单想一下,飞机上多了一个空座位,一定是有资源被浪费了。

当然了,如果你在雄安的前男友真的打算复合,宁愿包直升机也别耽误。

Chapter 3　你的生活就是一堂经济学课

如何成功地讨价还价？

说到这个话题，相信会有博弈论的行家来教大家如何科学地勾心斗角，除此之外，行为经济学这一分支其实也有很多对谈判技巧的研究。

经济学引申

决定买方议价能力的基本因素有两个：价格敏感度和相对议价能力。价格敏感度决定买方讨价还价的欲望有多强；相对议价能力决定买方能在多大程度上成功地压低价格。

价格敏感度即价格松紧。买方对价格是否敏感取决于产品对买方的成本结构是否重要。当该产品在买方成本中所占比例较大时，买方就会更关心是否有成本较低的替代品；当然，该产品的产品质量对买方的重要性也决定着价格是否能成为影响购买决策的重要因素。

至于相对议价能力，即使买方对价格很敏感，但若没有更多的选择——"不得不买"的话，其相对议价能力也就较弱。

都说人心隔肚皮,可是人心并不是不可预测的。哈佛大学商学院的莱斯利·约翰(Leslie K. John)教授就利用行为经济学来研究人们讨价还价的规律。

这些规律中有一部分是众所周知的,比如:熟悉的环境会让人更有自信,因此即使是在中立场所谈判也最好先行抵达场地;谈判中不应该做出单方面的让步,至少让对手感觉是在"交换";等等。

还有一些技巧就比较小众了,比如"如何与不老实的人"谈判。实际上,很少有人在讨价还价的时候能完全老实,毕竟像我这样坦诚的人已经不多了。

而我之所以坦诚,就是因为我信奉所有技巧里的第一条——共享信息。人类作为社会性动物,会天然地对坦诚的人更坦诚。当有人泄露秘密给你时,你的大脑会不由自主对他产生亲密的感觉。

在研究中,两组被调查者分别被问"是否会在填保险单时不完全诚实",同时被告知"大多数人也同样不诚实"时,承认作假的概率高达27%。

女生爱通过互相八卦来增进友谊也是同样的道理,如果能一致讨厌第三个女生,那她俩的友谊简直固若金汤。

虽然你不需要和谈判对手成为朋友,但是人们对亲切的人撒谎时会感到更多的不适。因此,谈判高手大多平易近人而且爱唠家常,很少会在桌前正襟危坐。

第二个技巧,也是约翰教授提出的另一个技巧是:"提出准确的问题。"

很多人的不老实并没有到"撒谎"的程度。他们只是隐瞒对自己不利或者会给自己造成麻烦的信息。

比如,如果男朋友不主动问,女生可能就不会提到她买了昂贵的口红;又如,男生和关系不错的异性朋友吃饭,也往往不会主动告知老婆。当事后被问及"你怎么没告诉我啊"的时候,人们最常见的反应就是:"你也没问我啊!"同理,你的房东可能不会主动告诉你热水器有问题,你的下属也不会主动交代他在工作里反复出错、勉强过关的尴尬。

这不能算是撒谎,而刻意隐瞒和无意隐瞒的界限也非常模糊,此时准确地提问就是沟通的关键。只有39%的人在被直接问及劣势时会继续撒谎,61%的谈判者在被正面提问时会选择诚实地回答,但如果你不问,他们也就不会主动说。

另外,这样的提问应当采用消极的提问角度。人类在撒谎时总倾向表现"认同"。比如,如果你问"你一定记得我的生日,对吧老公?"此类积极问句会大大降低对方撒谎的心理负担,而"你一定是又忘了我的生日,对不对?"则会让男生慌不择路,无所遁形。着急想分手的同学一定要试试。

第三个技巧是"拒绝逃避"。当你提出了关键问题时,对手有时会选择用说话技巧来兜圈子。在语言流动的过程中,我们的大脑很难一心二用来锁定原本的问题,也就容易被人答非所问地含混过关。实际上,在研究中,在被人答非所问之后,调查者有61%的概率记错原本的问题。

这样的场景我们常常在官员问责的采访里看到。为什么他们总是说"高度关注,全力抢救,妥善安置,稳定情绪"?就是因为"谁要承担责任"这个问题实在太难回答。

因此在商务谈判中,在对方回答完问题之后,你一定要先思考是否得到了对应的答案再继续对话。如果脑子转不过来,可以先在纸上写下你的问题,然后再看看对方是否答非所问。图8中的调查结果就显示,将问题写下来以后,你就可以很容易地发现对方在答非所问。

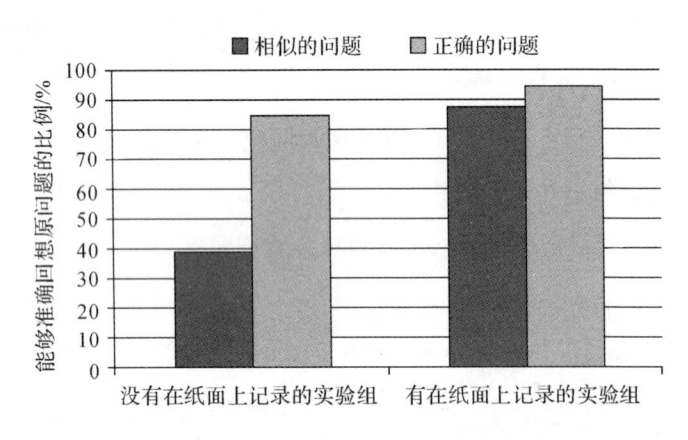

图8 在纸面上正确记录对提问者回忆起准确问题的影响

这里要介绍的最后一个谈判技巧,就是别说"帮你保密"。这四个字实际上是关闭交流的锁。这个结论与我们的常识相悖,然而,当人们被告知"替你保密"或者"绝不外传"之后,会更谨慎地释放信息。"帮你保密"实际上是在提醒对方,他可能会泄漏一些不应泄露的内容。

Chapter 3　你的生活就是一堂经济学课

警方的谈判专家也有类似的结论,真正关键的信息往往只能在随性的聊天中才能得到,任何严肃和有压迫感的场合都会提高人们的警惕性。

◉ 现实链接

总而言之,谈判技巧其实是在对立情境下的沟通技巧。情商不够,读书来凑。行为经济学教会了我们要坦诚地用情报换取信任,直接而尖锐地提出关键问题,执着地获得相应的答案,还有千万别说"我替你保密"这几个字。如此这般,下次你去菜市场说不定可以买到便宜两毛钱的地瓜。

但是我很怀疑这些技巧的实际效果。因为在经过和我老婆一轮又一轮的谈判之后,如今我每晚还是睡在约占床面积 1/5 的床沿上。睡时辗转,醒来手麻,所学无用,"蓝瘦香菇"。

Chapter 4

钱钱钱，永远都不够花

Chapter 4　钱钱钱，永远都不够花

收入不高,还能怎么攒钱?

收入不高,还能怎么攒钱？嗯,我觉得可以试着去买一头牛。

大多数人都计划攒下一笔可观的积蓄,可是人类总是短视、懒惰、喜欢享乐,所以存钱总是很难。这样的情况在收入偏低的群体里更加明显,因为即使数额不大的消费也能立即提高他们的生活质量,他们也就因此更缺乏存钱的动力。

例如,在一些非洲国家,农民收获后的收入很难存下来用于提高来年的产量。无论是消费的诱惑还是亲戚来借款,都在消耗他们本就微薄的收入。一台电视,一件新衣服,一顿好饭,都是他们辛苦劳作的回报,但是这些消费却让他们无法积攒出足够的资本来走出贫困的循环。在这些贫穷的乡村,靠银行和理财顾问显然也是不现实的。

于是发展经济学家就提出了一个方案——"买一头牛"。通过扶贫政策,经济学家在肯尼亚设立了丰收期的买牛折扣,鼓励农民把收入立即换成"不动产"。牛能提高农民的生产效率,同时它也是流动性很差的资产——你不能为了吃顿好的就把牛卖了,而农民又有了

理由来婉拒借钱的亲戚。所以这些牛就帮助大量的农民完成了原始存款目标。

经济学引申

发展经济学,是20世纪40年代后期在西方国家逐步形成的一门综合性经济学分支学科,是适应时代的需要兴起,在经济学的体系中逐渐形成的一门新兴学科,是主要研究贫困落后的农业国家或发展中国家如何实现工业化、摆脱贫困、走向富裕的经济学理论。

无论是存款、健身还是戒烟,所有的自我管制行为,实际上都是当下的我们想要约束未来的自己的表现。

但是,那个未来的你总是那么讨厌,他会在不经意间破坏你为自己立下的规矩,毁掉你的努力,继而嘲笑你当初坚定的决心,然后再用自责与懊恼,跟你同归于尽。有多少个夜晚,你默默告诉自己,明天要去图书馆学习,明天要去健身房跑步,或者把工作好好完成?可是明天的那个你,显然对现在的你提出的这些要求不太满意。

因此,我们每个人都需要这样一头牛,把未来的自己牢牢绑住,让他不能再出来丢脸。在经济学上,这头牛就是一个"承诺机制"。

Chapter 4　钱钱钱，永远都不够花

◎ 经济学引申

承诺机制，指的是可信的威胁使得参与者单方面选择囚徒困境中的策略变得不再有利可图了。例如，在国际贸易中，贸然增加关税会遭到贸易伙伴的报复性关税反击。

承诺机制是行为经济学的一个研究成果。《华尔街日报》上刊登过这样一组实验：让吸烟者每天把原本用来买烟的钱存入一个固定账户，如果6个月内都不再复吸，就可以取出这笔钱；而如果戒烟失败，则这笔钱就会被没收。使用这一承诺机制的人，戒烟成功率高达近50%，远高于对照组。

在《奥德赛》中，返乡的奥德修斯把自己绑在桅杆上来抵御海妖歌声的诱惑，这样主动对自己行为的束缚也属于承诺机制。

◎ 现实链接

一些金融机构也提供类似手段——"在没有达到储蓄目标前有些账户无法提款。"在菲律宾，使用这样账户的家庭其存款要比对照组高81%。在与未来的自己的战斗中，一些伏兵

也许会让你更容易获胜。

当然了,在城市中养牛是不现实的。如果正在阅读本书的各位有存钱的困扰,也许可以先把钱放在我这里,我会尽力帮你击败未来的自己。

Chapter 4　钱钱钱，永远都不够花

失业率对大家的薪水有什么影响？

失业率这个指标，是衡量经济状况最重要的指标之一。失业率提高是经济疲软的信号，会使得政府出台政策刺激经济增长；相反，失业率下降，将形成通货膨胀，使央行收紧银根，减少货币投放。美国劳工部于每个月的第一个星期五公布该数据，市场上的投资者对其非常关注。可以说，失业率是经济状况和资本市场的风向标。

经济学引申

失业率是指失业人口（一定时期全部就业人口中有工作意愿而仍未有工作的劳动力数字）占劳动人口的比例，旨在衡量闲置中的劳动产能。失业率与经济增长率具有反向的对应变动关系，可适当反映经济发展，被视为落后指标，即变动落后于市场经济活动的指标。

然而失业率在中国并没有体现出它应有的重要性。

国家统计局和社会科学院一直公布的是一个叫"全国城镇登记失业率"的数据,这个就是说,你失业了以后,要自己找时间去民政部门开一个证明,登记你失业了。该数据基本没有学术价值,而且近15年一直是4%。不管是经济高速增长还是金融危机,都没能让国家统计局和社会科学院"改变心意"。

国际上通用的失业率是调查失业率,也就是去抽查一个很大的样本,这才是客观可用的经济指标。这个数据中国也一直是有的,只是不方便公布,直到2013年才公开披露大约为5%的数据。北京大学发布的《中国民生发展报告2013》中提到的失业率是9.3%,这个数据与美国失业率相似。

既然国家不公布,媒体也三缄其口,学者们就没法研究,所以大家才没有体会到这个数据的重要性。

那么失业率对大家的薪水有什么影响?

要回答这个问题无法绕开一个人,他就是1958年菲利普斯曲线的提出者——威廉·菲利普斯。他通过分析英国1861—1957年的数据,发现:名义工资的增长速度和失业率是成反比的;并且,当工资不增长的时候,失业率仍然是2%左右。也就是说,全社会有那么2%~3%的失业率存在于大家跳槽换工作的间隙,是正常现象。

简单来说,失业率高的时候,企业不必涨工资就能招到人,所以工资就有可能会降低。

Chapter 4 钱钱钱，永远都不够花

经济学引申

菲利普斯曲线是由新西兰经济学家威廉·菲利普斯于1958年在《1861—1957年英国失业和货币工资变动率之间的关系》一文中最先提出的。它是表明失业与通货膨胀存在一种交替关系的曲线,通货膨胀率高时失业率低,通货膨胀率低时失业率高。

那个提出索罗经济增长模型的罗伯特·索罗（Robert Solow）和保罗·萨缪尔森（Paul A. Samuelson）两人因此就提出,想要降低失业率,政府可以人为增加通货膨胀。反过来说,增加失业率就会减少消费,从而压低通货膨胀。

简单说,就是物价涨了以后,企业付同样的工资其实是企业占便宜了,因为钱变得不值钱。而反过来说,工人有钱就会买东西提升物价,为了控制通货膨胀,政府只好让他们失业来稳定物价。多说一句,这二位都是新古典综合派的大师,威廉·菲利普斯也算是这一派的一员。

经济学引申

索罗经济增长模型是罗伯特·索罗提出的发展经济学中著名的模型,又被称作新古典经济增长模型、外生经济增长

模型,是在新古典经济学框架内的经济增长模型。它的主要结论是,经济增长的路径是稳定的,应鼓励技术创新,推进资本形成,提高人力资本。

米尔顿·弗里德曼(Milton Friedman)却不同意这个观点,他在1976年诺贝尔奖颁奖典礼上的演讲就批评了菲利普斯曲线。他认为,全社会的物价都上涨就相当于都没有上涨,工人会自动改变工资预期,长期来看对经济的影响为零。也就是说,原来一碗面5块钱,一个月3000块就能雇到人;现在一碗面10块了,你还给工人3000块,工人肯定不想干了。所以说想要通过增加通货膨胀来降低失业率,短期可以,长期来看无异于饮鸩止渴,慢性自杀。

主张理性预期主义的罗伯特·卢卡斯(Robert E. Lucas)也认为,劳动力市场中的工人们不是傻子,大家都能感受到物价的变化,因此能做出正确的判断,所以就连造成短期影响也不可能。

经济学引申

理性预期是相对"适应性预期"而言的。所谓适应性预期就是运用某经济变量的过去记录去预测未来,反复检验和修订,采取错了再试的方式,使预期逐渐符合客观。而理性预期与这种适应性预期不同,它是指人们预先充分掌握了一切可以利用的信息做出的预期。这种预期之所以称为"理性的",是因为它是人们参照过去历史提供的所有知识,对这种知识加以最有效的利用,并经过周密的思考之后才做出的一种预期。正因为如此,这种预期能与有关的经济理论的预期相一致。

以上提到的所有与这个菲利普斯曲线相关的经济学家,全部都是诺贝尔经济学奖获得者。辩论席上是全明星阵容,这条曲线有多酷可见一斑。

后来在20世纪70年代,随着美国经济下滑,出现了高通货膨胀率和高失业率同时出现的现象,这个理论受到了更大的质疑。至此,新古典综合派渐渐没落,货币主义学派和理性预期主义渐成主流。

经济学引申

货币主义学派是20世纪五六十年代在美国出现的一个经济学流派,亦称货币学派,其创始人为美国芝加哥大学教授米尔顿·弗里德曼。货币主义学派在理论上和政策主张方面,强调货币供应量的变动是引起经济活动和物价水平发生变动的根本原因。卡尔·布伦纳(Karl Brunner)于1968年使用"货币主义"(monetarism)一词来表达这一流派的基本特点,此后被广泛沿用于西方经济学文献之中。

经济学改朝换代比政府的改朝换代频繁多了,虽说菲利普斯曲线不是百分之百准确,但是由于它内在的合理性,被大家一直沿用至今,所以失业率也一直被当作最主要的经济指标,想来若菲利普斯泉下有知,情也足慰。

这里还想多说一句菲利普斯的生平。他是新西兰的一个工程师,二战期间参军在太平洋战场与日军作战,被日本人关在战俘营差点杀掉。战争结束后进入伦敦政治经济学院学习经济,毕业后留下任教,并且提出了以他名字命名的曲线。后来一堆诺贝尔经济学奖获得者为他的理论吵得不可开交的时候,他自己却在1967年默默跑回了澳大利亚开始研究中国经济。身为大师却放下一切去研究当时一塌糊涂的中国经济,不知是不是他提前听到了巨龙即将苏醒的喘息?

这是最简版的菲利普斯曲线(见图9)。

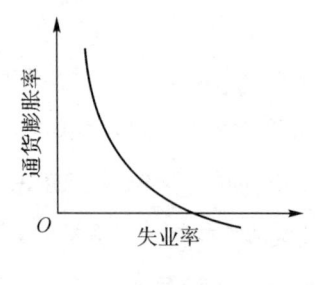

图9 菲利普斯曲线

Chapter 4　钱钱钱，永远都不够花

高薪人群的工资涨幅更大吗？

首先，高薪人群的工资是否涨得比普通人的更快？

普通人能不能逆袭，不光要看他自己的提升速度有多快，还要看白富美会不会走慢点等他。

图 10 是经济合作与发展组织（Organization for Economic Cooperation and Development，简称经合组织）的统计数据，图中的国家里，大部分

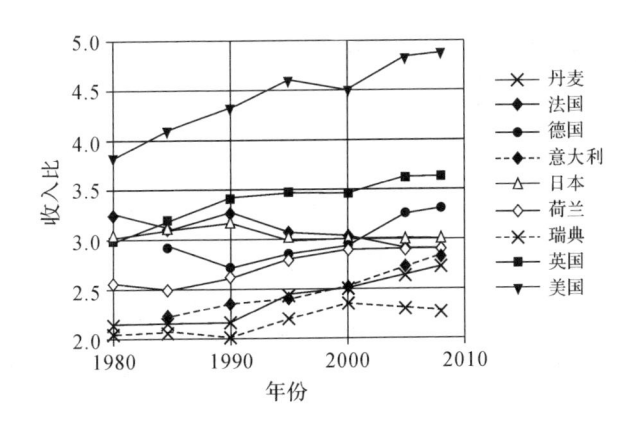

图 10　1980—2010 年技能劳动者和无技能劳动者工资趋势

注：几个发达国家中，最富有的 10% 和最穷的 10% 人口收入比。

技能劳动者和无技能劳动者的工资差别在近30多年间都有上升趋势。注意,这里的技能劳动者不是说熟练技工,而是政企管理者、金融从业者、IT从业者等高收入群体。

而从中国的初次分配来看,劳动者报酬占GDP的比重近15年来在持续下降。

这些数据都说明,虽然普通劳动者的收入一直在增长,但是高收入者的收入增长更快。两个群体之间的差距在不断加大。

为什么会出现这种情况呢?

原因主要有三点。

第一,科技和生产力的发展,使得没有特殊知识和管理技能的人的价值在减小。高新技术产生的巨大财富主要分配给了高收入阶层,当然同样也有利于低收入者,但是他们只吃到了蛋糕渣。可以预见的是,在很短的时间内,机器人就会代替大量人类工作。每个人都应该为此筹备,当那天到来时,我们要如何自处?

第二,国际贸易的发展,使得发展中的各国产业渐渐从劳动密集型转型为资本和知识密集型。这一点在中国体现得特别明显,低端的产业渐渐在往东南亚国家和印度转移,国家大力推进产业升级,那些生产线上的劳动者将因此受到经济损失。

第三点,也是最重要的一点,即资本的回报率已经超过了整体经济的增长率。这个观点是在2014年横空出世的一本《21世纪资本论》中提出的,这本书有跨时代的意义。保罗·克鲁格曼评价说,这有可能是10年内最重要的经济学著作。作者托马斯·皮凯蒂（Thomas Piketty）认为，资本的回报率现在已经大于经济的增长率，这将会导致社会财富向少数人聚集，民主的根基将受到威胁。资本的回报，也就是我们说的用钱赚钱，包括了企业的利润、股权的分红、银行利息、房子的租金等，增长的速度要比整体经济增长的速度快。也就是说，如果你最值钱的是你本人或者是你的技能，那你就越来越不值钱。

近百年没有出现大的社会问题，是由于二战、经济大萧条、冷战等不断在打破社会平衡，特别是严重冲击了资本家的产业。然而，冷战结束后至今，世界格局进入了稳定平衡的时期，并没有大规模的财富重新分配。如果世界继续这样和平下去，资本的力量会越来越大，大大超过劳动力的力量。

也就是说：如果资本回报和劳动力回报不相上下的时候，社会不会分化；而如果资本的回报比人力的回报多，那有产者和无产者的差距就会越来越大。

简单点说，地主家的傻儿子不读书也不上班，就把钱放在银行吃利息，赚的都比普通人多得多。钱如流水，流水不腐。而如果你还没有房子，光房子（资产）的涨价速度就抵消了你的收入增长。

这样的现状合理吗？

我觉得非常合理。

现实链接

资本和技术获得越来越高的回报,是一种文明在进步的表现。古代的有钱人,赚了钱只能买点土地,然后土地只能生产农作物,资本的回报率很低。后来,资本家可以买新的机器,生产工业产品,资本的回报率大大提升了。如今,有钱的人可以投资高新科技,或者利用金融产品投资高回报的领域,这就带来了更高额的回报,同时也为社会带来了巨大的财富。

这不合理吗?难道只有人人都去搬砖才合理?

显然,资本和技术才是推动社会进步的力量。劳动人民很光荣,但是现在社会进步靠的恐怕已经不再是最广大的劳动者了。说得现实一些,建筑工人每天辛苦地工作,比硅谷的技术员辛苦多了,可他们创造的价值可能不是一个数量级的。

但是这样不公平。不光是因为财富有代际效应,智能和受教育的水平现在也常常有代际效应。农村出身的大学生比例越来越小,私立学校和重点学校的教育质量越来越高。代际传递使得穷人的后代很难通过提升自己的能力实现向上的阶层流动,"逆袭"越来越难了。

这不是鸡汤文。解决你个人的问题可以靠你个人的努力,但是

Chapter 4　钱钱钱，永远都不够花

一个社会问题，是需要有制度化的解决方案的。想要改善这种现状，政府需要加大公共教育的投入，使更多的人受到好的教育，提供一个渠道让普通人"逆袭"分蛋糕。

同时，财富阶层和政府要增加社会的福利投入，让劳动阶层更多地吃到增大的蛋糕（虽然这不一定是他们应得的），这实际上是一种"保护费"性质的反哺，有钱人花一些钱来买整个社会的安定，欧洲许多国家都是这样做的，中国每年巨大的维稳费用也有相同的作用。

至此，问题的答案已经清楚了。高收入阶层的收入增长确实比普通人快，未来这个趋势也不会变。出现这种情况的原因是科技的发展，社会的稳定，财富的分配体制。这样的趋势是合理的，甚至可以说是必然的，但是不一定是公平的，政府和每一个普通人都应该正视这个问题。

有哪些你不可不知的理财风险？

在被英国殖民的时代，印度德里城中有很多眼镜蛇，蛇患四伏，危害人畜。于是，政府就拿出赏金，悬赏捕蛇，希望可以发动群众来消灭毒蛇。

刚开始，悬赏政策效果显著，眼镜蛇数量大为减少，甚至还出现了专门捕蛇的赏金猎人。但是，很快就有人发现，搜捕野蛇既辛苦又低效，不如养蛇来换赏钱。于是，捕蛇人纷纷转业养蛇。

可是这样一来，政府虽然收到大量的死蛇，蛇患却没有减轻。养蛇场在城里遍地开花，问了问欧阳锋也不在附近，政府再傻也明白过来了，于是赶紧取消了赏金，打算另想办法。

政策一变，养殖场里的蛇都变得一文不值，厂长纷纷带着小姨子跑路，工人们难以为继，只好把蛇都给放生。一时间，德里满城毒蛇，百姓和牲畜伤于蛇口的比往年还多，蛇患反而更加严重了。

毒蛇太多，以至于吹笛子逗蛇成了街头杂耍，也算是实体经济在失败之后升级到文化产业的表现。其实，如果养蛇人知道在东方的神秘国度有一个叫作广东的地方，他们可能会上中央七套《致富经》。

总之后来,经济学中就把这种错位的激励措施称为"眼镜蛇效应"。

◎ 经济学引申

眼镜蛇效应指的是针对某问题所提出的解决方案反而使该问题恶化。现今,该术语被用于形容政治和经济政策下错误的刺激机制。很不幸的是,当今世界面临的一些问题,的确来源于为解决另一些问题而做出的正当尝试。

柳宗元《捕蛇者说》里的捕蛇人应该没学过金融。祖上几代都死于蛇口,他却还老老实实去抓野生蛇抵税,根本没想到还有印度人这种操作,看来中国人确实老实淳朴。

这里之所以谈到眼镜蛇效应,其实是因为2007年投资界的一桩公案。

2017年,沃伦·巴菲特一如既往地公布了伯克希尔·哈撒韦公司的年报。除了照例恭维一下客户、夸奖一下团队以外,这一年的年报还有段特殊内容,是关于一场长达10年的赌局。

2007年,巴菲特曾经炮轰整个对冲基金行业,扔出100万美元筹码,要跟对冲基金的业内人士对赌。对赌的内容是,以10年为期,看看到底是对冲基金的收益高还是标普500的寻常基金收益高。

所谓对冲基金,可以说是全世界最"高富帅"的投资机构,其人才实力比顶尖投行更深厚。这里聚集着世界上最优秀的数学家、经济学家、交易员,不光入行的门槛高,连客户都要经过筛选。美国的对冲基金不光要求客户是高净值人群,还要求20万美元的年收入(已婚者30万美元)。总之,就是从里到外都是一副精英俱乐部的样子。

反观标普500指数基金,基本上就是把标普500只股票按同等比例每只都买一点,雨露均沾。也不需要啥算计,有钱不知道放哪儿的时候就可以买点,跟余额宝差不多意思。标普500,反映了购买者对人类文明进步的信心。

巴菲特的这场赌局,就像是拿寻常铁剑叫板别人的祖传宝刀。起初对冲基金没人敢去揭榜,毕竟输了就砸了招牌。后来,一个叫作Protégé的基金决定跟注,选出5支对冲基金来参赌。

到了2017年,赌局到期,结果跟各位读者猜的一样,高高在上的对冲基金输给了普通的指数基金,而且输得一败涂地。Protégé选的5支对冲基金居然全部败给普通的指数基金。标普500指数基金10年收益为65.67%,5支对冲基金平均只有21.87%的收益,还没有余额宝收益高,简直丢人现眼。

要说对冲基金的顶尖人才都很蠢,我是不信的。我有不少同学和朋友在做这一行,个个都是风刀霜剑里混出的人精,光凭简历就可以让任何丈母娘点头。

但是,这样高大上的投资机构所选的对冲基金收益怎么会这么低呢?

Chapter 4　钱钱钱，永远都不够花

◎ 现实链接

寻常的指数基金，每年不过收个0.5%的管理费，而对冲基金的收益模式叫作2/20。也就是说，不管是赚是亏，都要收2%的管理费——毕竟名校学费很贵，总不能白给你干——然后，在超预期的利润里（超过4%的部分）要付20%作为红包。看起来，投资回报越高，基金赚得越多，投资者和基金的利益是一致的。

但是，这实际上是个标准的"眼镜蛇事件"。

我们假设，你把钱交给对冲基金经理小张，小张偷懒不干活，存进余额宝，一年到头赚了4%。按事先商议的，小张可以拿到2%的管理费。但是，在你取钱的前一天，小张带着钱跑去了澳门赌场，用俄罗斯轮盘赌赌大小。对你来说，下注100块，输了就亏100块，赢了只赚80块，因为要给小张20块的利润。这买卖实在不划算。但是对小张来说，他每下注100块，输的话，只输2块钱管理费，赢了呢，就能赚20块钱。这样一来，小张根本没有规避风险的意愿，只要他有一点机会，就会去以小博大，刀尖舔血，富贵险中求。

所以，对冲基金看似收益低、风险大，实际上是对基金经理最有利的选择。至于投资人呢，在一开始被精英们说服之后，就注定要承担风险了。

没错,对冲基金里有很多聪明人,可是不是谁都能驾驭他们的。没脑子的话,你就不是客户,只是他们的产品。与其花工夫跟这帮人精勾心斗角,还真不如买点安稳的理财产品省心。

就比如上文中跟巴菲特对赌的基金经理杰夫·塔兰特(Jeff Tarrant),他难道不知道对冲基金是个什么熊样吗?他知道,但是他在一开始就说了,他根本不在乎这区区 100 万美元。跟巴菲特共进午餐的拍卖价格都不止于此,他已经跟巴菲特吃过好几次饭,再加上这次赌局带来的知名度,谁还在乎输赢呢?

所以,当你把钱交给别人处理,特别是交给比你聪明的人处理时,要站在对方的立场上考虑,看看有没有错位的动机让你们利益冲突。毕竟,不是每个人都像我一样,面由心生,心地善良。

Chapter 4　钱钱钱，永远都不够花

买对基金关键靠什么？

大家手里的钱正在以罕见的速度贬值，散户炒股容易赔钱，银行的利息又约等于没有，剩下能选的不多了，那以后你到底该不该买基金呢？

从美国宣布无限印钞开始，各国银行步调一致，全球放水，所有货币都在贬值。

根据2020年8月的CPI数据，物价上涨3％，其中烟酒食品涨价10％。所有东西都在涨价，唯一不涨的只有你的工资和存款。

无论专家们把基金设计得多复杂，它的本质其实非常朴素，就是一群不懂理财的人把钱交给一个懂理财的人，给他一点管理费，请他帮大家管钱。就好像你去一家非洲餐厅吃饭，你根本看不懂菜单，不知道怎么点菜，最简单的办法就是请服务员给你推荐个套餐。

基金就是一个理财的套餐，有专业的基金经理负责分析和搭配，帮你理财。所谓的货币基金、债券基金、股票基金，就等于肥牛套餐、烧鸡套餐、排骨套餐。总的来说买基金算是不太差的理财方式。

但我自己从来不买，因为它有很多缺陷。

基金盘子里的资金总量大，操作起来不灵活，我自己的投资收益每年稳定在30%上下，很少有基金达到我的收益，何况基金经理还要加收一笔管理费。

有些基金团队不去磨炼技术，反而开一堆小号，同时操作多只基金，乱枪打鸟，每个行业都投，没投中就搁置，投中了就留下当作招牌，这样广撒网总有收益高的，然后就能到处募资收管理费。

你想，如果基金公司真的对自己有信心，有把握稳定赚钱，那最好的办法，是不是把所有的钱集中起来，用赚钱的手法统一操作，但实际情况是，很多基金经理自己都信不过自己。全国一共有2000多个公募基金经理，却有六七千个基金品种，2019年监管部门还规定，一个经理最多不能操作超过10只基金，就是在禁止他们乱开小号。

普通老百姓能在公开渠道买到的基金叫公募基金，圈里人都知道，公募基金经理是给公司打工的，靠工资奖金生活。而普通人买不到的高端私募基金，私募基金经理靠提成赚钱，收入可以比公募基金经理高10倍，基金经理们在公募基金里练好了技术，很多也会自立门户开私募基金。

所以高手很多都藏在私募基金里。我见过一个私募团队，募资对象都是山西晋商圈子里的大佬，他们在北京京郊别墅里组了一个四个人的小型私募，不收管理费，帮投资人赚了钱就抽20%提成，行情好的时候助理都能分上百万元，但这种基金一般人也买不到。

我从来不买基金，但是你得买，因为我自己的收益比基金高，而你没有别的选择。

Chapter 4　钱钱钱，永远都不够花

全球各国疯狂超发货币，你手里的钱每天都在缩水。股市是散户的屠宰场，期货是外行的绞肉机，楼市有门槛，银行利息低。

这样的行情，普通人投了基金或许收益一般，但是把钱放在银行肯定是要血亏。

虽然你很难在公开渠道买到顶级高手操纵的基金，但是好在，中国市场上的散户比例大，近些年基金收益也还不错，2015年至2020年，有94%的基金跑赢了大盘。在美国市场里散户比例只有一两成，场面上厮杀的都是大机构，勾心斗角的都是专业人士，而我们中国市场上散户居然占了一多半。其实对这一点我很好奇，普通人都知道自己不能跟拳击手比武，不能跟职业选手比赛打游戏，但是到了投资市场上，却都格外自信，人人都敢用真金白银和专业人士较劲。

◉ **现实链接**

你们到底是出于一种什么心理呢？我内心其实是希望大家继续保持这种奇怪的自信，这样等于我们能一直在新手区玩下去，竞争难度会低很多，赚钱比较容易。但是如果今天你有缘看到这本书，我还是想劝你一句，自己没有系统学习过财经和企业管理知识，就不要瞎投资送"人头"，专业的事情尽量交给专业的人做。买点基金算是你比较稳妥的选择。特别是它还挺省事儿。

基金最大的优势不是收益。

买基金有没有技术？有,但是你需不需要弄明白？不需要。花点时间认真选定一个之后,基本上不用经常去看,买基金就是雇人来替你管钱,你何必每天亲自去盯？恕我直言,以你的水平之业余,万一看到行情波动心态一慌开始瞎操作,反而添乱。你有盯着盘面的那些时间,不如去找份副业兼职,得到的收益会多得多。

基金是普通人最优的理财方式,你买它本来就不图高收益,只是图个省心,减少货币贬值的损失,它最大的优势就是不需要在很多时间和精力。如果玩个基金还要全神贯注,那你不如直接去股市好了。买基金不就是帮你省出时间去赚钱和享受生活,不要指望靠它发财。

你什么时候要停止买基金了呢？有两个条件。第一个是你自己的投资水平超过基金经理,特别是如果你在一个行业干了很多年,在业内积累了很多一手的消息和体会,再加上自学一些理财知识,那么在你的专业领域里,你是可以战胜基金经理的。第二是你的本金要足够多,多到你专心理财产生的收益,高于你去工作的收益。这时候才值得你投入精力去理财。如果你账上就五万八万的,一年费尽心机才多赚几千块钱,真的值得你去专门研究吗？

理财最重要的就是要会看人。前面说了,买基金就是把钱交给专业人士保管。那最重要的当然是这个代理人的水平。你不需要懂专业的理财技术,就像你雇一个厨子不需要自己会做饭一

Chapter 4　钱钱钱，永远都不够花

样，但是你得会选人。无论你的基金是从银行还是从线上平台买，这些渠道本身和你收益关系不大，最终操作你的钱的，还是那个基金经理。

🔗 现实链接

记住几条基本的原则。

首先基金经理不能太年轻，管理这只基金要不少于五年，不然不光是没经验，而且连历史数据都没有，你根本没法判断他水平的高低。

其次就是看他的历史收益数据，一个比较靠谱的标准是这位基金经理近五年的收益数，能在所有基金里排名前20%，近两年的收益数据能排到前30%，那他就属于基金经理里的优等生，不会出大问题。

再次，你千万别买特别爆款的状元基金。因为爆款基金总额巨大，在我看来基金超过50亿元就显得臃肿了，爆款动辄100亿元规模，业绩肯定受影响。而且爆款团队很容易被其他公司挖走，跳槽方便，人员变化大，也会影响收益。但是基金规模太小也不行，要买总额2亿元以上的。

最后，如果你有空的话，还可以看看他们最大的亏损幅度，有些基金长期是赚钱的，但亏钱的时候损失格外多。比如10年前华夏大盘精选基金，领头的某王姓经理，号称公募基金一哥，很有牌面，

/ 131

结果自立门户干私募,带了9只私募基金,收益是8亏1赚,一塌糊涂。这种也得排除掉。

选基金不是谈恋爱,不能在一棵树上吊死,一定要"渣",要买就三只起步,不光分散风险,还有一种君临天下选妃子的快乐,算是附加收益。

如果你实在很懒,连选人都不想选,更简单的办法是买指数基金,指数基金的意思就是所有的股票你都买点,一次买三五百只,没有技术含量,所以管理费很低,这是股神巴菲特最推崇的投资方式。实际上,美国市场上看20年长线收益能战胜指数基金的基金经理只有14.6%。

我们A股大盘不争气,但是买指数基金仍然是个好选择,具体操作就是股票跌到2000多点,网民都在编段子骂股票的时候,你就去买点指数基金放在那,然后把手机里的基金软件删了,忘记这件事情,等哪天所有人都开始谈论股票,大爷大妈都进场的时候你就把指数基金卖了,等下次技能冷却再重复以上步骤,稳赚不赔。

现实链接

指数基金就是这么一个潇洒的理财方式,选择的方法很特殊,每个人都得根据自身的情况来选择。具体方法就是看你的信仰,你信佛就去庙里抽签,信基督就去教堂抽签,你要是没

Chapter 4　钱钱钱，永远都不够花

有信仰就用微信摇骰子吧。这虽然是个玩笑，但是意思没错，买指数基金本质上就是相信经济整体会进步，人类会进步。

另外基金千万不能玩短线，努力操作不能带来更好的收益，性价比最高的方法反而是把门锁死、把钥匙扔了，半年一年内就当没这笔钱。

总结基金理财的三句口诀：

莫看平台只看人，五年连胜手艺成。

大盘下沉随手买，指数不必费心神。

买完需上无情锁，市场专宰有情人。

年轻人今后怎么买房最划算？

与其说如何买得起房，不如聊聊有多少 90 后可以靠自己买房子。

其实 90 后早已悄悄成为购房的主力军，说了不买不买，背地里都在偷偷看买房指南。他们的收入和需求也将代表未来房产市场的走向。

90 后嘴上喊着不买房，不是因为他们不想买。

他们其实比老一辈更喜欢独居，更希望自己有个宅着的地方，但是这一代人踩点踩得不是很好。我就是 90 后，出社会是在 2014 年前后，稍微工作一下，房价已经上天，经济发展却开始放缓，发财的机会都已经被前辈吃掉了。我是个幸运的个例，但是对于大多数 90 后而言，一进社会就是困难模式，根本存不下钱。

根据 QuestMobile 发布的《2020 年中 90 后人群洞察报告》，中国 90 后月入过万的只有 25.8%，而较低的 1/4 收入不到 4000 元。90 后人群人均账户余额不到 6 万元。能够拿出几十万元首付的是极少数，这样的收入水平在一二线城市买房难度极大。

收入低,生活水平又降不下来,这让90后普遍没有存款。在蚂蚁金服和富达国际发布的《2019年中国养老前景调查报告》里,90后的月均储蓄不到1000元。很多年轻人还没有背上房贷,光应付日常开支就已经感到吃力,早早背上了各种负债。

但就算如此,90后还是很想拥有自己的房子。

发达国家的年轻人,买首套房的年龄保持在31~45岁。其中美国38岁,英国34岁,澳大利亚31岁,而中国,这个数据是29岁。这说明,买房仍是中国年轻人生活的重要目标,拥有自己的房子是件大事。根据2020年房天下发布的《90后买房数据报告》,85%的90后表示有购买房子的计划。90后对安居乐业的渴望,急切得超出所有人的想象。

其实我们心里很清楚房价是偏高的,但是仍然前仆后继地做"房奴"。过去的教训让我们明白,靠自己积累财富已经遥不可及,只能开始寻求父母的帮助。

现在买房的90后,七成表示需要父母的支持,这个数据让我惊讶,居然有三成年轻人能靠自己买房。随着房价越来越高,父母的压力也大了起来。

70后购买一套房时,父母支付首付的比例是28.1%,而80后的父母要承担44.5%,90后的父母要承担61%。

过去90后不愿意花父母的血汗钱去为这些泡沫卖单。我还记得10年前有个词叫啃老,现在没人提了。因为在一次次的房地产调控中,当初啃老买房子的人,收获了无数的回报;当初等待的人,现在想买反而要花父母更多的钱。

买房既是梦想,也是无奈之举。

就以一套89平方米、每平方米2万元的基础住房为例,总价一共是178万元,首付比例按最低30%支付,那首付就是53万元左右。

假如有一个精英小老弟叫韭弟,90后,22岁大学毕业,月薪5000元,他每个月省吃俭用存下一半。干了5年,工资涨得很快,每月涨到1.5万元,然后仍然存下一半。就这样干到近32岁,他才能勉强存够得这套房子……的首付。

根据国家统计局的数据,中国月收入超过1万元的人口为3%。2020年,深圳的工资中位数为5199元,上海是6378元,北京是6906元,而新一线城市的工资中位数都没上6000元,月薪过万,妥妥的是精英人群。像韭弟这种人才,几乎是普通人努力的上限了。在一路顺利的情况下,他必须严格节俭才能在30多岁买房。

大多数人又如何呢?朋友圈里看着各个年薪百万,实际上一线城市大学应届毕业生的平均薪资均在6500元左右,二三线城市在4000~5000元(《2018全国应届毕业生薪资报告》,校园招聘平台梧桐果)。假设省去所有非必要消费,每个月存3000元,凑齐53万也需要15年左右。15年,房价能等你15年吗?

这个计算的前提,每平方米2万元还只是一个二线城市的平均房价,一线城市起码要在这个基础上翻3倍。而二线城市想拿到高薪又比一线城市难得多。

这个简单的计算相信很多90后自己就算过。如果只有少部分

Chapter 4　钱钱钱，永远都不够花

人不能靠自己买房，那么找父母还算是耻辱，但是现在的情况是大多数人是做不到的，所以大家也就没什么心理负担了。

2020年90后买房比例明显增加，2020年中国一二线城市的房子，90后买家的占比超过了1/4，也就是说4套房子里就有一套是90后买的。这些90后买房大多数是靠家人的支援。广州超过了30%。天津稍微低一点，只有14.7%。天津人不喜欢借钱，买房喜欢全款，那就更没戏。(《90后买房样本报告》，网易)

现实链接

这是个很大的问题，关于买房理财我就一句简单的建议。银行房贷能贷多少就贷多少，能拖多久就拖多久，全部拉满。

这辈子除了银行和你父母，再也没人会以这么低的利息借给你这么大一笔钱了。不会再有了。

三五万元盈亏的理财，你可以不用听我的建议，但是买房贷款这件事请你务必要听话。金融杠杆一般都是服务有钱人的。而且是穷人补助有钱人，穷人拼命攒钱把钱存银行，然后富人千方百计把钱借出来，借出来买房子或者生产出产品卖给穷人。

而房贷是你一辈子最大的一次能用金融杠杆的机会。利息极低，金额极大，还款期限极久，房贷利率4点多，有公积金的甚至能压到3点多，对年轻人来说，基本等于白送钱。

你不要拿你现在的收入去衡量,面对这么一大笔负债感觉压力很大。

在资产负债表里,这笔贷款它既是负债,又能直接变成你的资产。为什么呢？90后年轻人的第一套房,肯定会卖。你不可能二三十岁买一套房子住一辈子吧？这套房子虽然你在住,但实际上你是把它当成蓄水池。

你就看看身边生活滋润的长辈,基本上都是靠房子做大自己的负债,然后用时间和通胀消解负债。几年下来债慢慢没了,资产却沉淀了下来。

二三十年以前,十万八万元是笔巨款,现在也就是一年的收入。今天三五百万元的贷款看着也不少,实际上二三十年后,就会缩水很多了。

为什么买房致富的家庭很多,不是因为房子涨得多快,跟房子涨幅类似的投资品还有不少,但是大家就记住了房子,就是因为普通人买房都能上杠杆,房价涨了1倍,你实际的投资回报涨了3倍。

理解了这一点之后,贷款原则就很简单,能借多少就借多少,能拖多久就拖多久,能30年还完绝对不29年半还完,等额本息把时间拉长。

不要觉得自己还能省下点钱,尽量早点把贷款还完。你手里那些钱,是宝贵的现金流,贷款晚一天还就多占一天便宜,如果你现金

Chapter 4　钱钱钱，永远都不够花

流保存得好，说不定又能攒出一个首付，你就又能去找银行借钱了。欠钱的都是爹，能给银行当爹，就不要客气。

当然这里有两个前提：第一个前提是借的是银行的钱，不是让你去借高利贷啊；第二个是房价不会大幅下跌，看我们国家的经济发展形势，这个问题应该不大。

网上有些人教人家刷信用卡借高利贷买房子，以前房价涨得凶算是让他们赌赢了，那万一以后房价涨得慢或者家人有情况急需用钱呢？我们追求美好的生活，一定要建立在安全踏实的基础上。不能玩火。

如果来问我有什么办法能让房价下跌，这简直太好笑了。几乎不存在我们的政府不能执行的经济政策，毕竟连计划生育都能推行下去，想调整房价就是开几场发布会的事情。所以实际情况是，让房价下跌根本不是政府的诉求，现阶段政府对经济和金融市场的唯一诉求就是——"稳"。

2018年3月4日，中央财经委员会办公室在两会期间放话，原话是："房地产市场现在是有泡沫的，尤其是在一二线城市，但三四线城市还可以。这个泡沫既不要主动挤破，也不能继续吹大。房地产领域的风险释放需要长期的过程稳步推进。"

现在房地产调控，都是在"降温"，而不是在"降价"。政府的这些限售和限购，都是为了减少交易量，争取房地产市场保持现状。但即使是这样，2017年中国房地产销售额和销售面积还是刷新了历史纪录。

/ 139

现在我们来思考一下房价大幅下跌会带来什么后果。

最显而易见的,房子多的人开始卖房变现。这么一大笔钱突然开始流通,会立即引发通货膨胀、物价飞涨。由于之前印了太多的钱,所以只有高房价才能锁得住那么多的资金。

其次,在我国,土地的主人是政府。土地出让金占财政收入的四成,房价要跌,政府断粮,经济会立即失序。接着就是工厂倒闭,失业率飙升。其实,现在在筹备开征房产税,就是政府想要减少对卖地的依赖,可是房产税还是一样以房价为基础。

最后,才是最"微不足道"的系统性金融风险。像美国2018年次贷危机就是房地产泡沫破裂的后果之一,买房的人突然不还贷,银行傻眼倒闭,危机迅速蔓延全球,到了2020年还未完全恢复。不过比起前两个后果,这最后一条也显得没那么吓人了,大家喝板蓝根还能挺得住。

实际上,以上任何一个结果都是令所有人乾坤色变的大事,所以只要房价稍显颓势,政府就会动手救市,取消限购,缩紧土地供应,加快城市化进程,施加住房补贴,等等。套路实在是太多了。

但是,这也不是说房价会一直这么突出。

随着我国国民经济的稳定发展,CPI也会健康增长。等其他物价都涨起来了,房价就显得没那么突出了。

所以也不要总是担心买不起房子,只要你保持现状,没有登上经济增长的快车,很快,你就要开始担心什么都买不起了。

Chapter 4　钱钱钱，永远都不够花

你怎样才能拥有一个快乐的晚年？

说个身边朋友身上比较有代表性的现象。

我的朋友铁马自从辞掉爹妈觉得光宗耀祖的稳定工作以后开始意识到养老的重要性：虽然脱离体制有脱离体制的好处，但是如果真的到了当不动拼命三娘的年纪，稳定的工作也没了，自己又放纵不羁爱自由，养老大概率有问题。

铁马的老家是西北的一座工业城市，这座城市的特点就是年轻人不多，企业以厂矿单位为主，比较稳定。对教育、医疗、养老，企业都实行一条龙服务，企业里还有专门的离退休处，专人专职处理员工退休后的养老事宜。

这里是目前我国城镇最传统、最普遍也最受推崇的一种养老方式：社保＋企业养老。

虽然退休工资是由社保局下发的，但是除此之外，企业每年也会有一些拨款，还会给退休员工发一些福利、组织一些活动，甚至还有老年培训、老年合唱比赛等文体活动，估计他们是老了以后最幸福的一批人。

虽然90后可能还是感受不到养老问题,但是80后对养老的体会非常明显。

大企业福利多多的养老模式最多延续到75后陆续退休,对于80后来说,10年后养老的光景估计就大不相同了。

世界上许多国家都有人口老龄化的大趋势,这样会导致保险基金或许会面临缺口。而企业的年金,大企业能继续承担多少年也是未知数。更何况,现在大多数人的就业方向都不是大企业,而是中小微企业,甚至自由职业者都比以前多了很多。50岁、60岁以后究竟会是什么光景?再加上通胀这个因素,退休以后每年不变的退休工资购买力究竟会滑坡多少?

听我往下分析主流的养老方式。

在中国,主流养老方式有三种:社会保障养老、以房养老、养孩儿防老。

第一,先以每个人都有机会get的社保养老来算一笔账,退休后你首先要想到的是你稳定的退休工资在你65~85岁的购买力问题。

举个例子,张三到现在退休了20年。

2000年:100块钱能买70~100斤米(20年前每斤大米的价格在1~1.5元)。

2020年:100块钱能买40斤米(现在每斤大米最便宜的基本也在2.5元左右)。

用生活的基础大米做本位来衡量,购买力缩水了一半。

尽管目前成熟养老金系统在会计上叫"收付实现制",也就是左

Chapter 4　钱钱钱，永远都不够花

手收年轻人的钱，右手发给已经退休的老年人，理论上可以化解购买力缩水的问题。

But，养老金的增长率实际上还是低于通货膨胀率，实际的购买力一直在下降。

另外，老了以后花钱并不少，毕竟得个病花费不是小数目。

再者，退休后的养老金替代率（养老金领取水平与退休前工资收入水平之间的比率）在50%以下。这点钱如果退休后基本保障生活也够了，但就是很多人退休以后才开始享受人生，这钱怕就不够了。

仅仅依靠社保养老，退休后可能会明显感到生活质量下降。

第二，再说以房养老，这个比较简单，用三句话就能概括：

1. 拥有房屋独立产权的老年人，将房屋抵押给保险公司；
2. 保险公司每月给老人一笔固定的养老金；
3. 房屋可以供老人继续居住，老人去世房屋由保险公司继承。

先不说你儿子同不同意，以房养老保险公司每个月付给你的钱不会上浮，你首先就会面临前文所述的购买力下降的问题；其次，咱们的房地产市场是被大力管控的，今天你的房子被划进名校学区了，价格涨了一波，但是保险公司还是每个月给你5000块钱，你说你气不气？

第三就是养孩儿防老，这个不多做评价，可能完全看运气吧。

所以我一直提倡，每种方式都有优劣，做到理智理财容易，但是做到理智养老可真的不太容易。

理智养老,怎么养?

别看你现在买个 LV 咬咬牙就买了,但是到了养老这件事上,可能把满口后槽牙咬碎都买不起这个奢侈品。

养老到底需要多少钱?我还是学生的时候教授让我们做过一项调查,当时我调查了几个留学生同学,他们的预估都在 500 万元左右(65 岁退休、不计算通胀的情况下),这样一算英国那点小房租、买的一点衣服和包,再加上去去酒吧根本就不算钱。

普通人从 65 岁开始活到 85 岁,20 年,就算每年 30 万,大概需要 600 万元,单纯依靠退休工资该很难覆盖。

现实链接

看到这儿你别焦虑,我也没有贩卖焦虑,以上的情况是真实存在的,也是可以慢慢化解的。

理智养老,从目前的社会结构来看我觉得应该这样做:

1. 社保是最低保障,要交,但是不能都押注在社保身上,只要你的目标不是"不饿肚子就行",就还要考虑其他的方式。

2. 在社保的基础上也可以考虑买房,毕竟中国社会文化还是要讲究安家立业,如果实在不行,老了以后、走投无路了可以用"以房养老"做一部分补充。

3. 最重要的是,对个人财富的增值一定要重视起来,要想清楚,自己以后到底需要多少钱,再规划好要花的钱、生钱的钱、养老的

Chapter 4　钱钱钱，永远都不够花

钱、救命的钱，等等。但是，选产品的时候一定要理智！

说到理智养老，你爸妈跳过的坑应该不在少数，有太多前车之鉴，例如办个培训班、买点小点心、送点什么降糖降血脂的三无小礼品就让爹妈买产品的不在少数。

他们还拉着不少中老年人去巡查项目，我就见过：办方便面厂，宣称5年后回本；办矿场，宣称10年回本；办林场农家乐或者投资养老院床位费，宣称不仅回本还能免费住。

讲实话，上当的不仅是老年人，中年人也有很多，骗子觉得中年人手上的养老储备更好骗，毕竟老年人都挺节省。

希望你以后，可以用得起人生中最贵的奢侈品——养老。

为什么政府禁止高利贷？

这个社会有些公认的常识，比如：地球是圆的，日夜会轮转；横穿铁路危险，教室后排安全；余文乐好靓，本人可堪比肩。

"高利贷很邪恶"也是其中一条。从中古时期的欧洲到今天的伊斯兰国家，高利贷都为人所不齿。中国从汉景帝时就立法规定利息不能高于两分，新中国的法律也不保护年息超过36％的民间借贷。在朴素的道德观念里，勤劳节俭是好，贪婪剥削是恶。经常听说高利贷害得人家破人亡，那它当然不是什么好东西。

但是，当读者具备了基本的经济学思维，回头检视自己初始的价值观时，就会发现一些问题。高利贷之所以存在，是因为金融市场上有这样的需求。本质上说，高利贷就是把资金的使用权租赁出去，然后收取高额的租金。为什么豪华酒店可以收很高的房费，而救急的资金就不能呢？大家都能理解好房子租金贵，而这样无抵押、手续快、立等可取的金融服务却是违法的，似乎有点不讲道理啊。

在贸易理论中，凡是双方自愿发生的交易，一定是对双方都有益的。如果借高利贷是自愿行为，那借款人一定有什么急需用钱的地方,比如生意周转不开、亲人得了重病等。高利贷似乎反而是在雪中送炭,救人之急。如果完全从理论上看,这确实只是一种特殊的金融工具,也难怪有很多经济学家支持高利贷的存在。

然而,当你继续深入学习,并渐渐能够把理论结合进实践,就会发现社会并不是在纸面上运转。

以我自己的见闻来讲,江浙一带的民间借贷月息5%～10%很常见。敢借这种钱的固然有部分手头紧张的老板,但大部分人是打算靠高利贷来殊死一搏。这些人的资金链断裂后,不去借高利贷会立即破产,借了高利贷也不过是赌上百里无一的指望。

这就产生了两个问题,第一个是逆向选择。

经济学引申

逆向选择是指信息不对称所造成的市场资源配置扭曲的现象,经常存在于二手市场、保险市场。虽然逆向选择与信息不对称和机会主义行为有关,但却超出了这两者所能够涵盖的范围。逆向选择是制度安排不合理造成的,而不是任何一个市场参与方的事前选择。

假设这个借贷市场中有两个人。一个是需要资金周转,但是能够按时还钱的健康借款者;另一个是危在旦夕,难以还款的危险借款

者。那么，危险借款者愿意接受的利息往往会高于健康借款者，因为前者是垂死挣扎，借不到钱左右是要完蛋，所以会选择铤而走险。

放高利贷的金链子王大哥并不知道他们二位的底细，所以只能按照多年的金融从业经验把利息订在两人中间。此时，健康的借款者就会离场，只有危险的借款者留下。经济学假设了交易双方都有充分的信息，但是在真正的交易中，只有借款者知道自己已经山穷水尽。

如此一来，健康的借款者借不到钱，高利贷也就失去了资金周转的性质，纯粹变成了赌徒们最后一搏的赌注。现实中，人们的风险意识甚至还要更差。君不见，多少人为了享乐裸贷，为了逃票闯虎山，为了抄近路翻火车月台。

所以，第二个问题也就随之而来，高利贷有着巨大的负外部性。能够从银行或者亲戚朋友那里借到钱的人，是不会去借高利贷的。而放款方也不是善茬。如果投资失败就能愿赌服输，早就去当天使投资人了。谁不希望坐在明亮的会议室里被创业者小心奉承，那可比刀山血海里讨债体面多了。金链子王大哥也知道这一点，可惜当年总嫌读书难，现在只能混社团。

经济学引申

所谓负外部性，也称外部成本或外部经济，是指一个人的行为或企业的行为影响了其他人或企业，使之支付了额外的成本费用，但后者又无法获得相应补偿的现象。也就是说，是对交易双方之外的第三者带来的未在价格中反映的成本费用。

因此,不管法律禁不禁止,这个行业都只能遵从丛林法则。借款者报警没用,放贷者报警恐怕也是一样。催款因此需要特殊的强制手段,而这些手段也几乎不可能是合法的。如果靠合法手段就能收账,银行早就放贷了。王大哥就曾经告诉我,欠钱时间一久难免要动刀,我问为什么,他说因为时间是把杀猪刀,我没敢不笑。所以高利贷天然就会带来社会冲突,甚至刑事案件。

高利贷里的两方是一拍即合,但他们对社会造成的负面影响却要所有人来承担。法律要维护社会的稳定和秩序,就只能牺牲经济学里的效率。

经济学引申

经济效率是社会经济运行效率的简称,是指在一定的经济成本的基础上所能获得的经济收益。用时间来衡量经济效率是错误的,时间只是经济成本的一个方面或一部分,而不是经济成本的全部。

现实链接

多说一句,美国和加拿大倒是有提供10天半个月短期贷款的门店,这种"发薪日贷款"的年利率高达500%,每年都会有很多人为此流离失所。政府明知高利贷有害,也只是限制长期贷款利率,而放任短期高利贷,就是因为民众有需求而政府不愿意得罪选票。

总之,建议大家别借年化利率20%以上的贷款,也别轻信年息20%以上的融资。这钱不好挣,更不好花。

Chapter 4　钱钱钱，永远都不够花

经济学家如何看待比特币？

太平洋上有一个小岛，名叫雅浦岛，岛上大约有5000～6000人。

当地土著用一种大石头当货币，这种石币圆形中空，直径大到3米多，有4吨重。

由于石币沉重，在交易时往往不需要移动石币，在石币上刻上新的拥有者的名字，再由部落长老做个见证，交易就算完成了。

由于岛上没有生产这种石币的石灰岩，生产石币的原材料都要从隔壁的帕劳运送过去，所以石币的"伟大之处"不仅在于它耗费大量原材料，还在于运送途中困难重重。如果石币是某位人类历史上的著名水手所运送的，那么石币还会因此而更"伟大"。这就是石币的价值所在。

后来，日本人在第二次世界大战期间占领了雅浦岛，把石币拿去铺路，再加上美金等外来货币的大规模使用，如今雅浦岛已经没有人再使用石币了——毕竟石币实在是太原始了，生产力稍微增长，社会组织稍微复杂，石币马上就跟不上形势了。

其实在我看来，比特币就很像雅浦岛上的这种石币。

一种东西，即使没有什么实际用途，但大家都认可它的价值时，它就被赋予了价值。比如钻石，人工合成成本不算高，但还是很贵。类似的还有古董、字画，等等。

到这一步没有问题，银行也发行纪念币，比等额现金值钱。

比特币的发明者就挺会讲故事，所以如果它作为一种虚拟收藏品，我可以理解，毕竟连游戏里的装备都能卖钱。比特币推广者们讲的故事，大家听了心里乐是可以的。但是，要真把比特币当成货币就有问题了。我们来看看它自我宣传的特点。

首先，比特币被吹的最重要的优势是安全，如何多层加密、如何无法攻破云云。

但这个优势的前提在于，现行的货币有无法弥补的重大的安全隐患。大家觉得有没有呢？无论是现金还是银行转账，乃至各种二维码支付、刷脸支付，我们都不会觉得有巨大的安全漏洞会让整个旧的货币体系崩溃。

其次，比特币的另一个优势是去中心化和隐私保护。

比特币在设计之初，就把政府视作仇敌，想要做到货币权力分散，不被政府的货币政策左右。创始人中本聪自己是无政府主义者，觉得政府就会迫害老百姓。他的政治主张我们在此不做讨论，但是我们可以思考，各国政府能不能容忍一个完全不受监管的独立的金融体系存在？别的国家先不谈，反正社会主义铁拳已经把比特币从我国锤出去了。

比特币体系还要保护隐私、要匿名，万一真的普及了，企业用一些小手段逃税漏税、逃避监管,政府想查,还必须要跟一个反政府的金融体系合作,这场面想想就太美丽。

敢同时和全世界政府作对的,比特币算是头一个。你猜猜到最后,警察和军队是愿意收美元还是愿意收比特币。

最后,大家知道,比特币总量固定,注定了它天然通缩。作为收藏品来说,这个属性很棒,毕竟物以稀为贵。但是作为货币,人的财富总量在增加,货币不跟着增加,用着用着就没了,这不科学。

归根到底,货币的存在是为了使交易更方便。比特币方便吗?短期来看价格不稳定,中期来看无法解决通缩问题,长期来看是在跟政府作对,怎么看都没有作为货币的品相。

要知道,美元通行全球并不是因为美元印刷得漂亮,而是因为有美国政府的信誉背书,能背书完全是因为美国政府管理和保护着巨大的财富和生产力。所以归根到底是因为美国有工厂也有枪。

比特币呢?作为收藏品,它是全民燥热的见证。但它作为货币的价值,恐怕还比不上雅浦岛上那些被拿去铺路的石币。

不管是看好比特币还是已经买了比特币的朋友,我羡慕你们如此洒脱,祝福你们一切顺利。我生活还过得去,胆子小了点,脖子也不硬,所以不敢拼。

买彩票中 500 万元的概率有多大？

从多年前刚刚接触经济学起，我就尽可能地用理性来对待生活。日常购物会进行效用计算，与人交谈会用到行为分析，股票走势不符合价值规律令我深感烦恼，在老婆烦躁时要立即露出谄笑。

理性如斯，我在经过彩票站时依然常常忍不住要买上一注，朋友们称之为"交智商税"。我自问智商尚可，应该还没到纳税额度，计量和统计我都学得还不错，知道买彩票是负收益的投资行为。即便是 2020 年 8 亿美元的那次乐透，每张 2 元的彩票的实际价值也只有 1.25 元。大多数时候，买彩票暴富的概率要比去兑奖的路上出车祸的概率还低。

但是由于"可得性法则"，大脑总是会更多地记忆特殊事件。比如你总是觉得在超市排队时自己的队伍最慢，等车时马路对面的车先来；又如人们常常会错误地高估中奖概率。此时，我清楚地认识到，对买彩票这一智商欠费行为，只剩下唯一合理的解释了。

Chapter 4　钱钱钱，永远都不够花

经济学引申

可得性偏差,也被称为易得性偏差或易得性偏见,是启发式偏差的一种。它是指,人们往往根据认知上的易得性来判断事件的可能性,如投资者在决策过程中过于看重自己知道的或容易得到的信息,而忽视对其他信息的关注和深度发掘,从而造成判断的偏差。

损失厌恶,指的是有的人会在遭受损失时感到格外的痛苦。工资涨了10块钱无所谓,但是如果在街上丢了10块钱,就会非常懊恼。在路过彩票站时,我想到的不是中奖后的狂喜,而是万一错过中奖会非常可惜。促使我买彩票的正是这份唯恐失去机会的心情。

经济学引申

损失厌恶是指,人们面对同样数量的收益和损失时,损失会令他们更加难以忍受。同量的损失带来的负效用为同量收益的正效用的2.5倍。

损失厌恶反映了人们的风险偏好并不是一致的:当涉及的是收

益时，人们表现为风险厌恶；当涉及的是损失时，人们则表现为风险寻求。

还有一种情况是短视损失厌恶。在证券投资中，长期收益可能会周期性地被短视损失所打断，短视的投资者把股票市场视同赌场，过分强调潜在的短期损失。这些投资者可能没有意识到，通货膨胀的长期影响可能会远远超过短期内股票的涨跌。由于短视的损失厌恶，人们在其长期的资产配置中，可能过于保守。

更让我担忧的是，研究表明，由于人性中的攀比心理，你的邻居每多中奖1000美元，你本人的破产概率会增加2.4%左右。这一数据在贫富差距大的社区更加显著。

人类的心理真的很奇妙。如果马云多赚了三五个亿，你的内心毫无波澜。如果是隔壁老王忽然发了横财，你的心里多少会有些酸。而如果前女友劈腿隔壁老王之后又中了彩票，我们可能会在下一期的《今日说法》里见到你。

所以如果你讨厌你的邻居，现在就可以开始试试买彩票了。

Chapter 4　钱钱钱，永远都不够花

收入不高,还能好好花钱吗?

及时行乐不是对人类未来的自私,而是对人类未来的自信。

大多数人还没有意识到我们身处在怎样的时代,这里先简单地介绍一下。我们正处于文明进化的转折点。前面几十万年人类创造的财富几乎可以忽略不计,即使我们从400年前开始看,近100年人类的进步也是爆发式的。飞机在20世纪才发明,而如今太空旅游已经商业化了。清朝早已灭亡,你可以想象如果老佛爷来到今天,看到网络、汽车、电视、城市,会有多么震惊。

图11是世界人均GDP近400年的发展趋势。物质丰盈的速度在短短数代人间快速增长,为后代节俭也因此变得越来越没有意义。

假设人类从今天起沉迷于某些个体的美貌,不再发愤图强,又会发生什么?我们把中国的经济增速打个对折再减掉零头,按每年3%的人均GDP增速来算,2221年后的人均年收入是

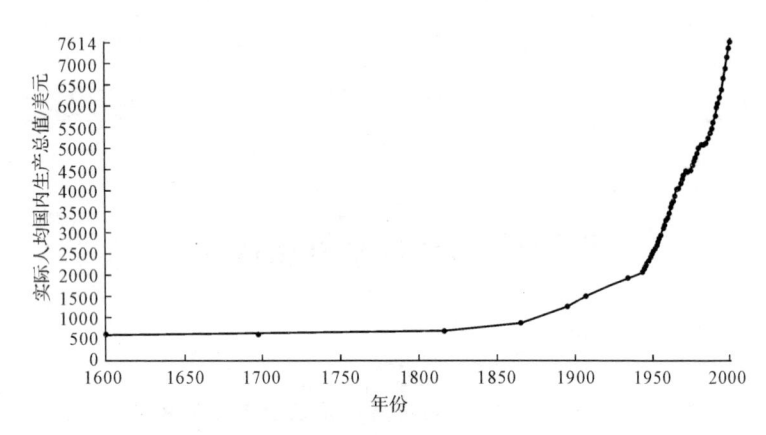

图 11　1600—2008 年世界人均真实 GDP 数量（经过 PPP① 加权后）

$$2221 年人均年收入 = 1 \times (1+0.03)^{200} \times 今天的人均年收入 4.7 万元$$

结果大约是 1736 万元。这是经过通货膨胀调整后的数值，也就是说其购买力就等于如今的 1736 万元。而达到这个收入的难度也就相当于今天每个月赚 3000 元的难度。这个简单的计算还是在我们这帮后代丧失斗志，且完全不考虑人工智能、机器人、生物技术等领域可能发生科技革命的前提下。

而这样一个人人都年薪数千万的时代，几乎是必然到来的。听起来是不是难以置信？这就跟前人听到我们今天的生活水平难以置信一样。

---

① PPP，指购买力平价，是根据各国不同的价格水平计算出来的货币之间的等值系数，目的是对各国 GDP 进行合理比较。

Chapter 4　钱钱钱，永远都不够花

现实链接

想象一下50年前，一个普通人家节衣缩食，牺牲所有的生活质量，也只不过能攒下几百斤粮食。而如今买几百斤粮食的花费，只需要你轻松地工作几天。

同样地，几乎可以确定你勤俭一生的存款只不过是百年后一个应届毕业生两个月的工资，听起来会不会有点心酸？所以请各位放心地醉生梦死，别为后代攒钱。毕竟金钱是买不来幸福的，它本身就是幸福。

Chapter 5

你能否成功，究竟与什么有关？

Chapter 5　你能否成功，究竟与什么有关？

运气到底存不存在？

运气当然存在，实际上研究运气在特定情形下的影响，正是在社会科学的工作范畴之内。

时机就是运气的一部分。

假设你跟人猜硬币的正反面，由于每一次猜都是独立事件，所以即使硬币已经连续9次都是正面，第10次猜正反的概率仍然应是各50%，这是基础的统计学理论。

但是，在生活中，很多看似独立的事件其实暗中被时机影响着。

经济学家做过这样一个实验：他们准备了几份贷款申请材料给一群专业的审批人员审核。实验中，每一份贷款的申请材料都是一样的，只是提交的顺序不同。结果，当连续审核过3份优秀材料之后，第四份材料通过审核的概率比正常情况下足足降低了8%。这是因为，审核人员为了让自己看起来"客观中立"而下意识地修正了看起来不正常的结果。

理论上讲，作为一个独立事件，第四份材料的审核是不应该受到毫无关系的前三份材料的影响的，可是但凡主观的评判就免不了运气的成分。

面试官面试时的心情,可能会决定你的职业路线,甚至人生轨迹。根据调查,近 20 年纽约的移民官里,有几位批准移民申请的概率大于 80%,而同时也有一些移民官的过审率不到 10%。如果说,这种被主管人员决定的情况我们还能够理解,那么,时机在背后的影响就不那么显而易见了。

现实链接

从 1985 年到 2013 年的审批记录来看,如果前一份移民申请被批准,那么接下来的一份申请被批准的概率就会降低 3%。而如果连续两份申请都被批准了,那第三个申请的"倒霉蛋"通过的概率就会降低 5%。你的人生有 5% 的概率取决于你前面的两个哥们给不给力。是不是想想就觉得很刺激?

同样,在金融市场中,如果前一天有公司公布了表现优异的财报,那么第二天公布财报的公司就会被投资者显著低估。

在体育比赛里,如果裁判连续判罚一方犯规,那么接下来对手被判犯规的概率就会大大增加。

在考试中,如果连续出现高分考卷,那么接下来那一份考卷的分数就会被判低。如果选择题答案连续是 A,下一题答案是 A 的概率就会大大降低,这也是因为出题的人潜意识里会为此感到难受。

Chapter 5 你能否成功，究竟与什么有关？

这就是人类潜意识里的"赌徒谬论"，我们的大脑为了保持客观会主动修正看起来"小概率"的事件。在追求客观的过程中不再客观，这样的天性既充满讽刺，也同时造就了可好可坏的运气。

经济学引申

赌徒谬论亦称为蒙地卡罗谬论，是一种错误的信念，以为随机序列中一个事件发生的概率与之前发生的事件有关，即其发生的概率会随着之前没有发生该事件的次数而上升。如重复抛一个硬币，连续多次抛出反面朝上，赌徒可能会错误地认为：下一次抛出正面的机会比较大。

赌徒谬论亦指相信由于某一个特定的结果最近已经发生了，所以再发生的概率会比较低。

经济学引申

对比效应，也称"感觉对比"，是指同一刺激因背景不同而产生的感觉差异的现象。如把同一种颜色放在较暗的背景上看起来明亮些，放在较亮的背景上看起来暗淡些。两种不同的事物同时或继时呈现，比它们各自单独呈现所得到的学习效果要好。

知道这一点以后,你就可以给自己改改"风水":考试时别坐在大学霸后排,找工作时离大美女远点,想上头条的时候先打听一下其他明星会不会爆大料,相亲前先确认她的上一任男友是不是英俊得让人连才华也忽略掉的那位奇男子。

Chapter 5　你能否成功，究竟与什么有关？

糟糕的运气可以在多大程度上毁掉一个人的努力？

北美大学的医学系是最难考入的专业之一。如果能顺利毕业，这些医学生也将是收入最高的群体之一。考进去有多难呢？比如多伦多大学的医学院 2015 年录取学生的平均绩点（Grade Point Average）是 3.96，几乎要求所有课程皆是满分。

现实链接

每年春季，学校都会举行面试和入学考试——MCAT（Medical College Admission Test）。多伦多大学的唐纳德·莱德梅尔（Donald Redelmeier）教授统计了 2004—2009 年全部近 3000 名面试者。结果显示，在雨天参加面试的申请者比在晴天参加面试的申请者的面试成绩低 1%，在计算了总成绩的相对判分曲线和面试成绩加权之后，这也就相当于雨天考试者 MCAT 成绩平均低了 10%。

每年有近100个申请者在这个区间里。也就是说,这些雄心勃勃的年轻人,带着梦想拼搏多年之后,能否成为医生却可能只取决于面试当天的天气。

这份研究没有说明天气影响了考生的发挥,还是天气影响了考官的心情。但是自从知道这个以后,我都会在重要的会面前算清楚时差,避开周一上午、周五下午以及周末,并且提前查好天气。如果可以,我还会查查对方的生日、对方老婆的生日,或者他孩子的生日。

命运不光捉弄最优秀的人,也同样不会放过阴暗的角落。

图12是研究者总结了1112项假释听证得出的结果。纵轴是假释成功的概率,横轴是开庭的时间。两条虚线分别是法官的晨休

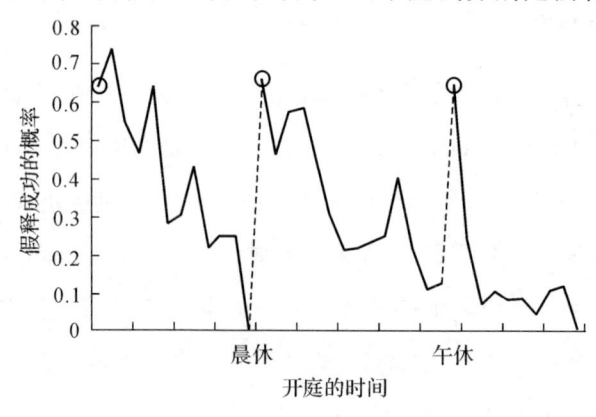

图12 假释听证的结果受开庭时间的影响

Chapter 5 你能否成功，究竟与什么有关？

和午休时间。也就是说，在1000多次统计中，排在晨休前的最后一次听证，从来没有一个成功假释的案例。也许你洗了文身，每天读书，爱护花草，起床时大呼三声"爱与正义"，睡觉前对着女儿的照片含泪祈祷。哦，多么感人的故事！可是，只要你不巧在法官晨休前去听证，就还得回监狱再待一年，而这仅仅是因为法官要去喝咖啡了。

一早、晨休之后和午休之后，犯人都有极高的概率被假释。而每次法官休息之后的假释概率都会持续下降。午餐前和下班前的假释通过率都低得惊人。这样看来，对疑犯保持同情心应该是很耗费精力的一件事吧。

经济学引申

《牛奶可乐经济学》的作者、美国康奈尔大学的教授罗伯特·弗兰克（Robert H. Frank）曾经写作了一本《成功与运气：好运和精英社会的神话》。书中的主要观点被归纳为"运气动力学"。其主要观点是：

好运气可以放大个人努力的成果，也就是收获的比自己付出的更多；

在好运气的助力下获得成功，成功后的优势积累可能带来进一步好运，这是正反馈效应；

在高水平的竞争中，竞争者的实力差别对最终结果的影响有限,反而是运气起到更大的作用。例如奥运比赛中的毫秒之争,几乎就是运气的比拼。

同样,无论你是要和老板谈升职加薪,跟你心上人表白,找父母要生活费,还是想夸奖我的美貌,都请务必选个良辰吉日。

Chapter 5 你能否成功,究竟与什么有关?

如果这世上有后悔药,价格会是多少?

世界上真正无价的东西并不多。如果硬要算,后悔药当然也有它的价格。

在我的理解中,后悔药的效果并不是"让你重新选择",而是"让你不为自己的选择感到后悔"。那么,人们为了不去承受"后悔"这种情绪而付出的成本,就是它的价格。

在经典经济学里,人类做决定的目标是追求效益的最大化。而在行为经济学一些最新研究成果中,经济学家发现"尽量不要让自己后悔"可能是同样重要的行为准则。

也就是说,有时候你因为怕让自己后悔,会做出些不理智的决定。这种不理智的决定造成的损失是后悔药的价格。

为了验证这个假设,行为经济学家范和齐林伯格(Ven and Zeelenberg)教授做了这样一组实验。他们给实验对象随机提供一批彩票,然后在开奖之前,实验对象可以用旧的彩票换同样数量的新的彩票。愿意以旧换新的人,会直接获得一小笔奖励。

如果按照理性的分析,新彩票和第一次拿到的彩票中奖概率一样,同时,新彩票还能带来额外的奖励,岂有不争相兑换之理?但是在实验中,很多人笑着拒绝了换新彩票,因为大家担心如果旧彩票中奖,会让自己非常后悔。这里,人们愿意为"后悔药"付出的代价就是额外奖励的数额。

现实链接

我们不仅在事前会担心自己后悔,事后的后悔情绪也影响着理性选择。在股票市场里有很多这样的例子,比如,一只股票到了合理的卖出时机,此时,已经赚钱的投资者很容易做出出售的决定,而亏损的投资者则更倾向不合理地继续持有。这就是因为人们讨厌后悔的情绪,在这里,"后悔药"的代价就是"不合理的投资决定"所造成的损失。

在金融市场,"后悔"这种情绪体验常常影响投资行为。比如,在跟风投资时亏损,后悔的体验比较小,因为"其他人也犯了同样的错误";而如果是逆势而为,失败后后悔的情绪会加剧,因此特立独行的投资需要投资人更大的决心。这一理论就被称为"遗憾理论",它部分解释了我们"随大流"的心理。

经济学引申

遗憾理论即后悔理论,它将"遗憾"描述为将一个给定事件的结果与将要选择的状态进行比较所产生的情绪。例

Chapter 5 你能否成功，究竟与什么有关？

如，当在熟悉和不熟悉的品牌之间进行选择时，消费者可能考虑到选择不熟悉的品牌导致效果不佳时的遗憾要比选择熟悉品牌造成的遗憾要大，因而消费者很少选择不熟悉的品牌。

遗憾理论与前景理论、过度反应理论及过度自信理论并称金融学的四大研究成果。

"后悔药"的另一个价格，是你逃避选择时的损失。

对我来说，"后悔药"并没有价值。经过充足的理性自训，我们完全可以不在乎"后悔"这种情绪。因为"后悔"是在事后对自己的选择感到自责，是"如果当初怎样怎样，现在就会如何如何"的假设，这种假设并不会改变事情的结果，也就没有意义。

我会感到遗憾。与"后悔"不同的是，"遗憾"的体验首先在于要先接受无可挽回的现状，同时也不会带来自责。没有了自责，"遗憾"甚至有些残缺的美感，这也正是东亚文化圈独有的美学文化。它是宋玉的悲秋，是丹青的留白，是庄子的鼓盆而歌。它也是本居宣长的物哀之论，更是山上宗二的一期一会。

遗憾并不需要被治愈，我想也许有人和我一样，任由它存在，甚至对它甘之如饴。

出生顺序会影响人的一生吗？

随着中国生育政策的改变，我们这一代人成了人类历史上唯一一批政策性的独生子女。今后的社会中，多子女家庭会成为常态。虽然回头可能会分家产，但是很多人还是觉得有兄弟姐妹也很好。

从经济学角度看，这样相当于你以一个尚未培养感情的亲人为代价，换来未来你爹一半的产业，算是一些安慰。如果你爹忽然老树回春发财了，安慰奖就变成大奖也说不定。不过万一他忽然"老树回春"破产了，安慰奖也可能变成"恭喜您中了我们公司的大奖，请先汇200元手续费"。

在国外，子女的出生顺序对个体的影响一直在被广泛研究。

早在19世纪末，就有科学家提出出生顺序对性格产生影响的理论。那时候，人们认为最先出生的孩子由于长期扮演兄长或大姐的角色，普遍有较强的领导力，同时也更固执。

这个理论一直存在争议，主要是由于数据采集的困难。首先，家庭人数的多少可能会对结果有影响，而以前的研究方法又都是在一个家庭中采访一个成员,来获得他对其他人的评价。这样的样本采集方式难免会有严重的主观偏差。

直到近期,德国的一个团队投入了巨大的资源和精力,通过收集来自英、美、德三国的两万余人的数据,得出了最新的结论。

◎ 现实链接

在这个横跨所有年龄段的研究中,施穆克博士(Dr. Schmukle)指出,出生顺序对人的性格是没有影响的。长子长女并不会更有责任心或是领导力,后出生的孩子也不会特别娇弱。但是,他们也同时发现,出生顺序会影响人的智商。

在有两个孩子的家庭中,长子的智商比后出生的孩子智商平均高1.5。在现实生活中,这一点点智商的差距可能并不明显,但是以全社会作为样本时,这就造成了先出生的孩子文化程度普遍较高。之所以先出生的人会比较聪明,是由于他们出生后会独享父母的注意力,父母和亲人会更多地跟他们说话,逗他们玩,这都对大脑的发育有益。而越往后出生的孩子,获得的注意力就越分散,他们也因此缺少大脑的练习。在有5个子女的家庭中,最年长和最年幼的孩子文化程度差距,几乎等于白人与黑人的一般文化程度差距。

这样的差异,也反映在成年后的工作收入中。就男性来说,家庭中最年长的孩子长大后的收入要比次子多1.2%,比第三个儿子多 2.8%。而这一区别在女性中更加明显,在相同的年龄段,长女的收入比次女要高 4.2%,比第三个出生的女儿高 6.6%。

另外,后出生的男性有更大的可能性成为同性恋。根据米勒教授的论文,后出生的男性每多一个兄长,他成为同性恋的概率就会高 33%,而且这一结论只对右撇子的男性有效(最新的研究说是只增加 15%的概率)。文中给出的解释是,当父母有多个子女时,基因传递下去的机会增大了,子女的生育压力就会减小,从而使他们分泌一种 male specific antigens(雄性抗原),这让男性更有可能变成同性恋。由于我对生物或医学专业研究较少,所以我也不太明白为什么这种奇异的物质会把人变成同性恋。

Chapter 5 你能否成功，究竟与什么有关？

大学室友对学习成绩有什么影响？

大学室友之间的关系非常奇妙。一群年纪相近的人被完全随机分配，在数年时间里因此维持紧密的关系。这其实是非常难得的统计样本，我没有经历过这样的关系，对此非常好奇，所以也读了一些国外的相关研究。

经济学引申

教育经济学是研究教育中经济学规律的学科，是经济学的一支。研究主题包括教育成本、教育效益、教育评价、教育产业等，该学科的目的主要是希望能在维持教育品质的前提下，使教育的相关资源能做合理的分配及运用，以提高教育的作用。

首先需要肯定的是，住宿舍的学生比住在外面的学生成绩好。根据威斯康星大学的研究，在总分是 4 分的情况下，住校学生的平均成绩比外宿学生的成绩高 0.7~1.0 分。这是非常惊人的差别，要知道 2.8 和 3.8 的绩点成绩可能就是"学渣"和常春藤名校高材生的区别，也是让你爸给你打钱的时候声音大不大的区别。

这个研究还涉及一个逆向选择的问题，即成绩好的学生可能本身更愿意住宿舍。所以研究者又做了混合高斯模型和最大可能性估量（maximum likelihood estimate，MLE）的分析。在去掉内生性因素之后，得到的结论仍然是住宿舍能帮学生提高 0.2 到 0.5 的绩点成绩。

经济学引申

混合高斯模型，使用 K（基本为 3 到 5 个）个单高斯模型来表征图像中各个像素点的特征，在新一帧图像获得后更新混合高斯模型，用当前图像中的每个像素点与混合高斯模型匹配，如果成功则判定该点为背景点，否则为前景点。

但是，住校并不能保证你进步，室友的好坏也很重要。里德学院在对同群效应的研究中指出，与同班同学当室友，对双方成绩都有一定的提高；但是如果室友是不同届的学生，则对成绩没有影响。

美国空军学院也做了类似的实验。他们的实验把所有学生分为：成绩最好的 25%，中等成绩的 50% 和成绩最差的 25%。如果你

Chapter 5　你能否成功,究竟与什么有关?

有一个成绩好的室友,则他对你成绩的影响因素相当于你自己努力因素的27%,也就是说,一个学霸室友可以极大地提高你的成绩。反之,你考砸了怎么能怪你呢?实在是室友不争气。这种影响在大一大二时会很明显,但是到大四时几乎可以忽略。

其次,男生和女生受到室友的影响程度也不一样。在2012年菲卡诺(Ficano)的研究中,室友只对男生的成绩有影响,对女生则没有。室友的平均成绩每增长1分,男生的成绩会增长0.103分。同样,室友成绩的中位数每增长1分,则男生的成绩增长0.078分。也就是说,男生们受室友成绩的影响大约是7%~10%。然而,这种影响在女生身上则完全不存在,女生室友的成绩再好,她们也非常沉得住气,完全不会跟着提高。

女同胞们可以跟我解释一下这是为什么吗?我猜这可能是因为男性之间的竞争氛围比较重,室友每天认真读书会让整天打游戏的你压力很大。就好像当我看到一个比我帅又比我有智慧的男性出现的时候,我都不禁……等我将来有机会看到了,再回来告诉你们结果。

最后,真正的学霸是会吸取天地精华的。当宿舍中有一位同学是成绩最好的5%的尖子生时,室友的成绩反而会有所下降。不要慌,只要跳级到大四或者搬去女生宿舍,就可以轻松解决。

穷人和富人,谁更勤劳?

毫无疑问,在人类历史上的大多数时间里,富人的休息时间要远多于穷人。《唐顿庄园》里的"白富美"们从来没有听说过"周末"这个词,因为她们每天需要做的就是聚会玩乐。而当时的英国工人平均每周的工作时间是 64 个小时。

总体而言,当下这个时代是人类最轻松的时代,平均工作时间一直都在缩短(如图 13)。

在 20 世纪 70 年代的美国,富人(有大学文凭的人)的工作时间还是比穷人(高中未毕业)的短一些。然而,根据 21 世纪初的数据,富人每周已经要比穷人多工作 8 小时了。2015 年的全美时间使用调查显示,大学毕业生每天要比没有大学文凭的人多工作 2 个小时。每周工作 50 个小时以上的大学毕业生有 28%,这一数据在非大学毕业的人群中持续下降。而如果你是从哈佛商学院毕业的,有 95% 的概率需要一周工作超过 50 个小时,50% 以上的概率需要工作超过 65 个小时。

所以至少在当今美国,富人确实比穷人工作更长时间。

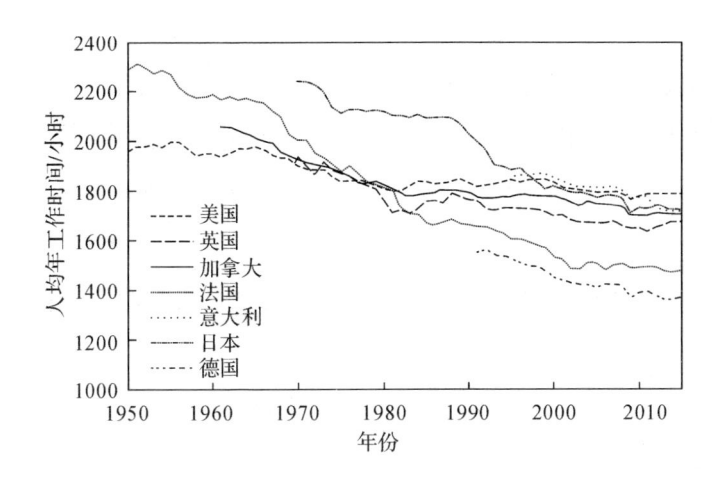

Chapter 5　你能否成功,究竟与什么有关?

图 13　G7 发达国家人均年工作小时数(1950—2010 年)

现实链接

如果我想喂你喝鸡汤,我现在就可以告诉你"三分天注定,七分靠打拼"了,爱拼才会赢。你在微信朋友圈的鸡汤里常常看到的一类数据陷阱就是把相关性等同于因果关系。

真相是:富人比穷人工作更多更努力,并不意味着努力和勤奋是他们成为富人的原因。

富人之所以工作更长时间，原因有三。

首先是富人的休闲成本很高。比如富人可以谈成一笔生意的时间，你只能在家看韩剧。那富人自然就比你有更多的动机去工作。2006年的数据显示，收入超过10万美元的家庭花费在休息上的时间要比收入不足2万美元的家庭少40%。

其次，穷人的工作时间往往不由自己掌握。富人都是给自己加班，而穷人却都在给老板加班，当然不愿意多工作。更不要提，穷人里还有很多失业或者半失业的劳动者，他们的工作时间当然更没有保障。

再次，富人愿意多工作，因为他们的工作更舒适。坐在 Herman Miller（赫曼米勒）的椅子上，面前摆着别人赠送的从越南民房整拆下来的交趾黄檀对剖成的书桌，女秘书在旁嘘寒问暖，你舍得回家吗？

一些极端的媒体因此提出，美国收入最高的0.1%的人，其收入比人均收入高578倍，就算他们更努力，难道多努力了500多倍？当然了，这样算也不对，因为财富积累更像是指数增长。另外一个纯粹好玩的数据是，如果你年收入超过40万美元，即使在美国，你也是百里挑一的精英了。

因此，我的结论是：富人确实比穷人工作更长时间，而且越来越比穷人努力。但是，这不一定是他们成为富人的原因，反而有可能是他们成为富人的结果。

我也曾经在"成为普通人就是罪"的地方待过，所以我非常理解很多人坚持梦想不断拼搏。还记得当时在瑞士信贷银行股份有限

Chapter 5 你能否成功，究竟与什么有关？

公司（Credit Suisse AG）的面试里，对方问我一周工作 90 个小时能不能行的时候，那一句"可以"最终没能说出口。我选择了简单模式，离开了战场，开始了下午 4 点就能回家遛狗玩猫的生活，也有时间在这里写书。只是如今拿起手机，也的确不太好意思再问候当年一起奋斗的兄弟了。当时未曾想到，安逸生活里最难的部分是雄心尚在。

为什么有的人明明很努力,成就却很一般?

《自然》杂志的网站上曾经刊登了一篇题为"Predicting educational achievement from DNA"的论文。来自伦敦大学国王学院的基因团队研究了2万个样本,得出的结论是:遗传因素对成绩的影响大于性别差异和努力的个性对成绩的影响。

这篇论文指出,在1000万条单核苷酸多态性(single nucleotide polymorphism,SNP)中有74条基因跟人的文化程度有极强的正相关性。

> **现实链接**
>
> 在16岁的学生之间,成绩的差异有9%可以由基因预测,听起来似乎不高。但是男女生间的性别差异只能预测1%,而坚持不懈的努力只能预测5%。所以,"成功源于99%的汗水"这句话,至少在学生时期是伪科学。
>
> 研究同时指出,由于我们已经知道了跟成绩有关的是基因,所

Chapter 5　你能否成功，究竟与什么有关？

以在不远的将来，我们就可以通过给基因打分来预测哪些学生会是差生。

即便是现在，这项预测也有一定的准确性。如果完全按照这74条基因来把学生分为"聪明组"和"其他组"，那么在16岁时拿到A等成绩的学生中，有65%拥有"聪明"的基因，而只有35%的A等成绩生来自对照组。

对于这个研究是出自英国的大学，我并不太意外，毕竟这个结论在美国实在政治不正确，而英国看重身世的传统为这类研究的进行减少了阻力。其实我觉得非常容易理解，有些人天生会唱歌，有些人天生能喝酒，有些人天生美貌同时也很有才华，那么有些人天生就学习不好是很正常的。

本来我觉得这篇文章千万不能让我儿子看到，不然今后成绩不好我还得"背锅"。但是转念一想，既然才华可以遗传，也就没什么好担心的了。

王侯将相，宁有种乎？不算太有，但是以目前的技术也已钦定了9%。

高学历女性更爱拼职场吗?

劳动参与率这个指标,是经济人口占适龄劳动人口的比例。简单说,一个区域或者人群的劳动参与率可以体现他们的工作意愿。

经济学引申

劳动年龄人口一般指法律规定的成年人口减去达到法定退休年龄的人员以后的人口总数。我国规定16周岁到60周岁的男子,16周岁到55周岁的女子为劳动年龄人口。

我们自己常说中国人民勤劳,不是完全自吹。中国的劳动参与率在全世界处于较高水平。当然,这也没什么特别值得骄傲的,因为这也可能是由于社会福利落后,工资低,投资市场不完善。

我国妇女的劳动参与率(female labor force participation rate, FLFPR)更是排在世界前列。这主要是新中国成立之后举世瞩目的

Chapter 5 你能否成功，究竟与什么有关？

妇女解放运动，以及新中国成立初期举世瞩目的贫穷造成的。

我查了一下经济合作与发展组织的数据，同属于儒家文化圈的日本和韩国，其妇女的劳动参与率分别在65％左右和60％左右，而这个数据在中国则高达近80％（改革开放前一度达到90％）。以我个人的经验来看，日本女生内心是希望全职在家的，韩国女生单纯是比较懒，中国女生确实更独立自主，其中尤以天津女生为最。问我为什么的人一定还没有老婆。

图14是国际货币基金组织（International Monetary Fund）公布的2010年全球劳动参与率和妇女劳动参与率图。纵轴指妇女参与劳动的比例，横轴是适龄劳动力整体参与劳动比例。中国不但参与劳动者的总比例高，而且女性确实占了半边天。相比之下，印度的出现使得这个图无端变长了。

讲完劳动参与率和女性劳动参与率的现状，可以来回答题目提出的问题了。

更高的文化程度是否和女性劳动参与率成正比？

既是，也不是。

对个人来说，无论中外，受到更高教育的女性确实会更多地参与社会工作，而不会倾向在家当全职主妇。阿姆斯特丹大学的克劳蒂亚·蒙克（Claudia Münch）拿欧洲的数据做了分析，结论是：在任何年龄段，高学历女性都会更多地参与工作。

浙江大学的姚先国教授也用年份和文化程度做了一个女性劳动参与率的回归分析，他的结论是：无论在哪一年，文化程度越高，女性

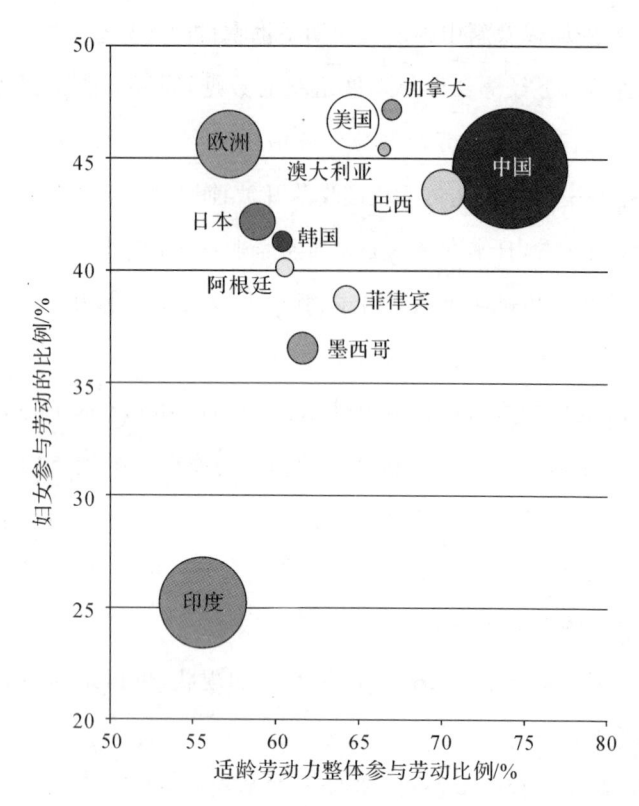

图 14 各国劳动力人口规模以及女性劳动参与度

注：图形面积越大，代表劳动力越多；圆形越高，代表女性参与劳动比例越高；圆形越靠右，代表劳动力整体参与率越高。

劳动参与率越高；而劳动参与率最低的都是小学及小学以下文化程度的群体。他还提到，丈夫的收入高低其实并不能解释女性是否出去工作，有低收入配偶的女性很多也不工作。

Chapter 5 你能否成功,究竟与什么有关?

高学历女性更希望工作的原因,首先是她们工作的收益更高,其次就是她们更独立自主,这一点从更高的离婚率可见端倪。

现实链接

但是,从整个社会来说,更高的文化程度意味着更长的在校时间。比如,对照国家对劳动年龄人口的规定,二十六七岁毕业的女博士,已经失去了5~10年的劳动时间。那么,如果高等教育更加普及,可能反而会使女性劳动参与率下降。中国女性劳动参与率从21世纪初至今一直是在下降的。

这一方面是由于这些年经济发展快,社会福利体系渐渐完善,很多女性不必劳动就能生存。另一方面,家庭结构的变化让更多的女性成为全职太太、全职妈妈。

因此,我们可以得出结论,从个体角度看,学历越高的女性参与工作的比例越高。但是整个社会的女性文化程度不一定和劳动参与率成正比。

Chapter 6

用经济学家的眼睛看世界

Chapter 6 用经济学家的眼睛看世界

疫情常态化，中国企业如何顺利突围？

疫情期间，除了口罩、呼吸机等医疗物资长期脱销，更难以想象的消费行为就是欧美人民屯厕纸了。一时间洛阳……欧美纸贵，这世界老少爷们抛开歧视与成见，携起手来走进超市——抢厕纸。

没有米了还可以吃面，没了啤酒还可以喝果汁，但没了厕纸这种刚需品，人类文明的底线可以被瞬间击穿，回到随便一擦的原始社会。不少市民因为厕纸紧缺而大打出手，甚至有动刀火并的惨剧发生。为了避免这种惨案再次发生，意大利一家报纸在结尾处留了10张白纸，寓意十分明显：关键时刻，救救急吧。

厕纸并不真的值得抢，抢厕纸这种行为也符合多种经济学规律。1979年经济学家丹尼尔·卡尼曼（Daniel Kahneman）和阿莫斯·特沃斯基（Amos Tversky）提出了"前景理论"，就足够概括人的心理：损失和收益相比，人们更厌恶损失，对损失也更敏感。买不到厕纸，就要面对未来的高价，那现在买不是为了收益，更多是为了减少损失。并且卫生纸保质期很长，也不会产生浪费，所以这是一件很值得做的事。

经济学引申

1979年,美国普林斯顿大学心理学教授丹尼尔·卡尼曼和阿莫斯·特沃斯基提出了前景理论,也作"展望理论"。该理论认为个人基于参考点的不同,会有不同的风险态度,该理论从人的心理特质、行为特征等方面揭示了影响选择行为的非理性心理因素。卡尼曼教授因此获得了2002年诺贝尔经济学奖。

这种行为也被描述为"坏的平衡"。平日里你只有有需要才会买卫生纸,这是好的平衡。疫情之下,好的平衡变成坏的平衡——对其他人买了,自己利益就会受损的担忧情绪升温,于是大家都抢着去买。

同样还有炒《健身环大冒险》现象,这种平日里小众的物品在疫情宅家、健身场所从健身房改在家里、人们突增的健身需求等天时地利人和三大利好作用下,价格直升数倍,逼得任天堂为自己的产能没跟上消费需求而发布致歉公告,表示下次一定增加产能。在这种情况下,甚至不喜欢任天堂、不玩《健身环大冒险》的人见有利可图,也都开始抢购《健身环大冒险》了。这就出现了"羊群效应":群体中的个体在没有集中指令的情况下做出一致的举动,一只羊吃草吃得好好的,看到其他羊在跑,也立刻撒腿就跑,哪怕没有狼出现。

炒《健身环大冒险》的人成了"羊",别人都开始抢,自己也就一起抢了,《健身环大冒险》硬是被从健身用品炒成了"理财产品"。大家好不容易在《健身环大冒险》的热潮中冷静下来,没想到时隔不久,《集合啦!动物森友会》上市又被疯炒,这也算是一种"情景再现"了。

经济学引申

经济学里经常用"羊群效应"来描述经济个体的从众跟风心理。"羊群效应"就是比喻人都有一种从众心理,从众心理很容易导致盲从,而盲从往往会使人陷入骗局或遭到失败。

羊群效应一般出现在那些竞争非常激烈的行业。这些行业中有一个领头羊占据了主要的注意力,那么整个羊群就会不断模仿这个领头羊的一举一动,领头羊到哪里去吃草,其他的羊也会去哪里淘金。

荒诞的现象是个人市场行为的集中表现,上升到国家贸易层面,人们更能感受到这次疫情带来的经济寒冬的可怕之处。以中国跨境贸易最重要的活动、60多年未曾中断的广交会为例,2020年受制于人和人当面交流的不便,国外疫情肆虐,广交会第一次以网络形式进行,这是疫情之下跨境贸易的一个缩影。

疫情客观上对外贸造成了不小的影响。

2020年一季度,我国货物贸易进出口总值6.57万亿元,比2019

年同期下降6.4%。其中,出口3.33万亿元,下降11.4%;进口3.24万亿元,下降0.7%;贸易顺差983.3亿元,减少80.6%。

国内企业的出海订单骤降,相关企业已经到了存亡之秋,在逆境中需要尽快找到破局之道。一方面,企业要及时转型;另一方面,海外营销策略需要更有进攻性,直接把好的产品铺到客户眼前。

那么,中国企业如何能更好地触达海外消费者呢?

我有个朋友,一直在做玉石雕刻生意,技法纯熟,做工精良,以往货物都由海外渠道直接取走,自己不愁销售。可是现在情况大不一样,订单缩水,他不得不开始调整营销策略,自己找销路。后来他看到现在国内带货主播这么给力,就直接找了国外视频平台的网红打广告,目前销量基本恢复,成本比找当地分销商还略低。

线下转线上,是外贸企业在疫情后需要快速适应的内容。

2019年,92%的美国民众开始在线上消费,平均每个美国人每年要在网上消费1894美元,依靠电商渠道中国企业的出口额已经达到了7万亿元。

倒不是说外国人的消费力变强了,而是渠道发生了变化。线上营销的本质,是缩短生产端和消费端的链条——中国企业以往只能跟当地商人打交道,现在直接对接消费者,没有中间商赚差价,总算跟组织搭上线了!

在国外生活了10多年,刚去的时候我还没买车,要买电脑得坐着地铁晃荡着去百思买,买完之后再晃荡着回家,万一电脑坏了就又要晃荡一个来回,辛酸往事,思之泪目。最近要买电脑和配件,都是

Chapter 6　用经济学家的眼睛看世界

直接谷歌一搜,对比下单。谁还去实体店?

疫情之后,这种情况会更加明显。记得 SARS 当年带火了网购,这次全球封锁,一定会加速培育全世界消费者线上购买的习惯。对于企业来说,网络渠道的营销更加精准,资源会被更科学地投放到目标消费群体中,这种模式客观上减少了无谓的经济消耗,对各方都有助益。根据 Rakuten Intelligence 的数据,与 2019 年同期相比,美国线上生鲜零售商的订单量激增 210%。NetElixir 的报告也显示类似趋势,疫情期间线上食品销售同比激增 183%。即使疫情最终消退,这些行为也很有可能会持续下去。

这种渠道线上化的根本原因还是信息的线上化。人们的注意力在哪里,营销就在哪里,当网络成为主要的信息来源时,人们不可避免地要从网络上寻求购物意见。再加上从广告到购买只需要一次点击,大大缩短了决策流程,效率极高。随着疫情之后线上购买习惯的出现,消费者在假期不断适应在线购买模式,从简单的购买开始,最终开始探索在线消费的其他门类,每当这些行为在新一批的消费者当中固化,就会永久性地改变他们的在线购买习惯。

因此,疫情期间,大家对线上搜索的依赖度有了大幅度提升。

所谓内事不决问百度,外事不决问谷歌。作为全球最大的搜索服务提供商,谷歌占据了中国大陆以外 90% 以上的全球搜索量,覆盖 200 多个国家和地区,132 种语言。

外国人关注谷歌跟我妈妈关注朋友圈的养生指南程度差不多。70% 的美国手机用户购买商品前会在谷歌搜索相关信息,比如最适合送给女友的礼物、最好用的生发/卷发/祛痘产品、买床垫/眼镜最好的地方,等等。

而疫情期间,由于形势的不确定性,很多用户会优先选择谷歌搜索自己需要解决的问题,然后再在网上或者出门解决。比如,"五金店是否开门""如何成为志愿者"的搜索在此阶段都有大幅度提升。企业可以通过 Google Trends,了解消费者关注的内容,进而通过这些内容对用户进行投放。

企业在触达消费者时,也可以考虑线上营销渠道的多样化,比如视频营销。

近期视频带货也起来了,有 81% 的企业将视频作为营销工具。油管是国外常用的视频平台,覆盖 15 亿用户。但是跟国内有点不同,老外没有李佳琦级别的带货大主播。油管上有声有色的都是几万粉丝的小主播,那种会亲自回复留言,没事跟粉丝互动一下的更吃香。

消费者现在对老套路都有了应对经验,消费决策模式更倾向看产品在熟人社群和同好中的口碑,90% 的消费者通过视频发现新品牌。在电视广告时代建立起的广告权威已经消散,人们又返璞归真到了相信口碑的时代。Comexplore 数据表明:有 93% 的市场人员认为 KOL(意见领袖)营销对于提高品牌影响力有深远的意义;有 75% 的市场人员认为 KOL 营销可以带来潜在客户。另外有数据表明每花费 1 美元在 KOL 营销上,就会有 6.5 美元的创收。疫情期间,更多小主播逐渐进入大众的视野,粉丝数量呈现倍数增长,也从侧面印

Chapter 6　用经济学家的眼睛看世界

证了大家对视频的喜爱程度越来越高。

另外,5G技术为手机移动端的视频下载、在线直播观看提供了强有力的技术保障,这种技术带来的创新革命是不可逆和不可阻挡的。未来VR/AR和高清视频的营销一定会取代传统营销渠道。

同时,视频的形式相比生硬的文字和图片而言,更具有观看性、互动性、娱乐性和传播性。除了电影、电视之外,直播也可能会成为未来人们娱乐的主要渠道,至少目前国内的电商直播和短视频已经验证了这一趋势。

对卖家而言,买家能直接观看产品的直播,了解产品的真实属性,如面料、尺码、颜色等,再配以较好的产品说明和主播互动,更有利于快速购买转化,增加用户黏性。另外在互动环节,用户的即时反馈也有助于卖家优化产品,提升服务。

现实链接

中国的产业升级战略在推进,正好赶上了这波线上营销革命。更高的附加值,更直接的销售链条,在疫情造成全球经济前途未卜的大背景下,中国企业能不能就此出海进一步攻城略地呢?

除了解决语言问题,研究国外新媒体平台玩法,再就是打铁还需自身硬,卖家也要提升产品质量,锻炼外贸基本功。此外,优质内容输出也很重要,每一个环节都需要卖家增进对本地市场的了解,包括消费群体的年龄、喜好、习俗、宗教、文化、流行趋势、消费习惯等。需要对自己的产品精确定位。毫无疑问,线上营销对外贸企业来说会是一场必须胜利的硬仗。

然而中国的企业家们,从来不怕硬仗。

Chapter 6　用经济学家的眼睛看世界

自由贸易过时了吗？

英国退欧，美国修墙，TPP（跨太平洋伙伴关系协定，Trans Pacific Partnership Agreement）止于襁褓，NAFTA（北美自由贸易协定，North American Free Trade Agreement）重起波澜。半个世纪以来人类贸易自由的脚步，忽然在近两年缓了下来。经济学里备受推崇的自由贸易理论，近来也遭到了越来越多的质疑。

那自由贸易到底是不是人类商业的终极形态呢？这还要从它的历史说起。

在17世纪以前，人们对于贸易的认知还非常朴（愚）素（蠢）。当时的人们认为，国家财富就是国库里的钱，所以国家应该尽量多地把货物卖到国外，换回金子银子。如此一来，所有的国家都想增加出口，减少进口，为了贸易顺差不惜发动战争。这就是所谓的重商主义。美剧《权力的游戏》里的财政大臣被叫作"Master of Coin"，财政就是金币，可谓颇得深意。

直到1776年，亚当·斯密以一本《国富论》颠覆了旧的认知。他指出，国家是否富有并非取决于国库里堆着多少钱，而是要看百姓的生活水平，所以进口外国货不一定是坏事。比如一个国家擅长生产手机，另一个国家特别会拍电影，那么手机国与其自己强行拍电影，不如多生产几个手机去换电影看。如此一来，电影国有了好手机用，手机国也有好电影看，国际贸易不再是你死我活的零和博弈，两国皆大欢喜，这就是绝对优势理论。

经济学引申

绝对优势理论，又称绝对成本说、地域分工说。该理论将一国内部不同职业之间、不同工种之间的分工原则推演到世界各国，从而形成国际分工理论。

《国富论》在重新定义了国际贸易之余，还顺便开天辟地地创造了经济学这门学科，亚当·斯密也因此被奉为经济学始祖。经济专业期末考试前拜拜此书，颇有神效。传言亚当·斯密儿时曾被吉普赛人贩子拐走，差点难返文明社会。经济学专业险些被几个人贩子整没了，打拐迫切，此亦一例。

再后来，大卫·李嘉图（David Ricardo）在绝对优势理论的基础上更进一步，开创了比较优势理论。这就是说，世界上不光有手机国和电影国，还有一些毫无特长的选手，这些选手也能从国际贸易中获益。比如，某无特长选手虽然干啥啥不行，造手机和拍电影都不及格,造手机只有20分,拍电影却勉强能拍到59分,那么它最好还是尽量多拍电影,卖给手机国,换回59分的手机。虽然还是不好,但是总比自己造好。

经济学引申

大卫·李嘉图在其代表作《政治经济学及赋税原理》中提出了比较成本贸易理论(后人称之为"比较优势理论")。比较优势理论认为,国际贸易的基础是生产技术的相对差别(而非绝对差别),以及由此产生的相对成本的差别。每个国家都应根据"两利相权取其重,两弊相权取其轻"的原则,集中生产并出口其具有"比较优势"的产品,进口其具有"比较劣势"的产品。比较优势理论在更普遍的范围内解释了贸易产生的基础和贸易利得,大大发展了绝对优势理论。

因此,从理论上说,如果每个国家都专注自己擅长的领域,自由贸易就对所有参与者都有利。货轮越大越光荣,关税越低越自由。

二战之后,经济学家们进一步推波助澜,呼吁贸易不仅能创造财富,而且还能带来和平。国家之间有摩擦就是因为贸易不顺畅,反过来说,生意做得开心就不会打仗。秉承着这个理念,各国在战后签订了关税与贸易总协定(GATT),成立了世界贸易组织(WTO),再加上北美自由贸易区和欧盟的日渐开放,人类在 21 世纪初达到了前所未有的融合,国际化发展到一个至高点。

现实链接

各国分工明确,各展所长,确实让全人类的总财富增长了。然而,即便放牛娃放得一手好牛,他还是希望有一天能当地主,不必再放牛。阻挡自由贸易和全球化的,就是这种不甘。

在国际贸易理论中,发达国家擅长科研开发,产品的附加值高,又擅长资本运作,靠投资就能获得收益。高举高打,钱多事少离家近。资源国家以卖资源维持生计,工业产品全靠进口,老天赏饭,勉强度日,难有成就。最惨的是没有资源的发展中国家,虽然有机会利用国际贸易勉强实现工业化,但也只能靠干脏活累活赚点外快,然后去发达国家买高科技产品。

凭什么呀?我们也不甘心光喝汤,我们也想吃肉啊!如果没有进出口限制,落后国家的工业和科研完全没有起步的机会。只是手机、电脑之类的产品也就罢了,但如果没有自己的军工产业,即便想关门提高关税,"出上蔡东门逐狡兔,岂可得乎"?这也是中国的汽车市场始终还在保护国产汽车的原因。

不光是发展中国家不甘在全球化体系中永远待在下游,发达国

Chapter 6 用经济学家的眼睛看世界

家自己内部也有分化。毕竟,高科技和大资本在美国也不是人人都能有的。自由贸易一开,电影和音乐能卖到全世界,科技公司都在中国和越南设厂,华尔街大鳄的全球资本布局就更不必提了。但是命不好的蓝领工人就会被迫面对发展中国家工人的竞争。

经济学引申

雁行理论,1935年由日本学者赤松要(Kaname Akamatsu)提出。指某一产业在不同经济体伴随着产业转移先后兴盛衰退,以及在其中一经济体内不同产业先后兴盛衰退的过程。

东亚所有经济体都是从轻工业、纺织业起步,然后进一步涉及初级重工业即钢铁等领域,再逐渐向产业上游发展,最终建立以高新科技和互联网产业为主的新商业模式。每一次产业升级时,都会有一个新的经济体接过下游产业的接力棒来发展。在亚洲,日本领头走过了这个过程,接下去是韩国等,然后是中国。现在,国内已经有一些产能渐渐往东南亚转移。

诚然,科技是第一生产力,可是就算是托尼·斯塔克(钢铁侠)也只有一张选票。你是电,你是光,四海八荒你最能干,但是你无法对抗民意的不甘。这就是为什么在美国抵制唐纳德·特朗普(Donald Trump)声音最大的,就是那些能在全球化中受益的群体。孤立主义一来,"高富帅"行业都不好过了。

前几天,我在《公孙龙子》上看到一个故事。楚王在云梦泽打猎时遗失了繁弱弓和亡归箭。侍臣要去寻找时,楚王阻止他说:"楚人遗弓,楚人得之,又何求乎?"孔子听到后说:"人遗弓,人得之,何必楚也。"

如果人人都能有孔子这样的国际主义精神,自由贸易恐怕早已实现。然而,楚弓楚得才是大多数人的看法。

总的来说,自由贸易和全球化客观上增加了全人类总体的财富,但是由于分配机制的不平等,发达国家和领先行业从中受益,而落后国家和传统行业则从中受损。

这样想来,越帅就越喜欢刷脸竟然是标准的经济学思维,我恍然大悟,嘴角微提。

Chapter 6　用经济学家的眼睛看世界

国家和国家之间的经济差距会不会越来越大？

谈国家之前，先简单说一下全世界的人类个体之间的贫富差距。根据联合国官网上的资料，如果一个人拥有人类历史上各个时代最富有的人的绝对财富之和，那这个人在今天也就是个一般富的富人。拥有100万美元现金净值的人，在2005年全球就已经有750万了。但是，如今的穷人却跟历史上的穷人一样缺衣少食。所以人和人的差距在全世界是不断扩大的。

国家和国家间的经济差距，则是一个更加复杂的问题。

根据新古典主义经济学的理论，国家和国家间的差距应该在不断减小。

经济学引申

从20世纪60年代后期开始，新古典主义经济学在一片批判"传统发展经济学"的浪潮中兴起。现代西方经济学形成了包括微观经济学和宏观经济学的基本理论框架，这个框架被称为新古典主义经济学,以区别于先前的古典主义经济学。新古典主义经济学集中而充分地反映了现代西方主流经济学过去 100 年间的研究成果和发展特征,它在研究方法上更注重证伪主义的普遍化、假定条件的多样化、分析工具的数理化、研究领域的非经济化、案例使用的经典化、学科交叉的边缘化。

原因有三。

首先,假设创造财富需要的两个条件是劳动力和资本,那在劳动力丰富而资本少的地方(穷国),资本的回报率会更高。简单说,就是发达国家带着机器和钱去发展中国家开厂,发展中国家因此就会开始快速发展。这是我的一位诺贝尔奖获得者校友——语气一定要谦虚,毕竟无形显摆才最为致命——威廉·阿瑟·刘易斯(William Arthur Lewis)提出的二元论。这一点很好理解,日本、韩国、中国都是沿着这条路追赶欧美国家的。

其次,技术进步的扩散性。虽然有些专利技术不能被共享,但是后发国家仍然可以接触到很多最新的科技。一些"老钱国家"的旧机器还能用就懒得换新的,但后发国家一启动就能用当下最新的机器,所以可以缩小差距。

最后,全球化。其实资本的转移和技术的转移也是全球化的一部分,此外,全球化还包括产品的国际出口等。各个国家间的"比较优势"在国际贸易中缩小。同时,全球化也使得发达国家的边际收益

Chapter 6　用经济学家的眼睛看世界

相对递减。

以上三种"追赶型增长"(catch up phenomenon)说得好有道理，似乎整个世界的生命大和谐已经指日可待了。

然而现实却是，撒哈拉以南的非洲以及拉丁美洲的许多国家，经济都凋敝不堪，不但没有在快速增长，甚至连维持下去都很艰难。

发生这种事大家都不想的。但是穷困对人和国家来说，都是一个难以逃离的陷阱。在糟糕的经济条件之下，国家很难完成初始的储蓄，有一点产出或者外来援助，第二天就都吃掉了，如何能够发展？没有基础的教育和基础的现代化建设，资本是不会有兴趣进入的，就算劳动力不要钱，风险也太大了——一直穷的结果就是法纪松弛，政府腐败，于是越发失去发展的可能。

更惨的是，收敛现象和追赶型增长的假设是基于国家之间资源相似而得出的结论。然而这显然是不现实的，如果有些国家天生就资源匮乏、文化缺失，那就更没机会了。正所谓，"天之道，损有余而补不足，人之道，损不足以奉有余"。

总结起来，你可以试着在脑中描绘这样一幅画面。国家间的经济情况是：第一梯队的发达国家之间的差距随着全球化的发展在缩小；第二梯队一批高速发展的国家利用各自的优势奋起追赶，这一整个团体离"老钱国家"越来越近，而它们各自之间的差距也在减小；第三梯队的一批穷国陷入了贫困陷阱，无法完成原始积累，没有资源，没有好的制度，原地踏步甚至在开历史的倒车。

这就是现在所谓的"俱乐部收敛"理论，国家与国家正抱团收敛，同时也分层分化。

经济学引申

不同地区依据其初始条件差异,会在发展中形成不同的群体,内部条件相似的地区在发展中会出现越来越接近的情况,这种现象被称为"俱乐部收敛"。

至此,我纯粹是从经济学理论角度分析。至于美国如何用美元、航母、文化这三驾马车收割全球,欧洲国家如何以欧盟抱团,日本如何再寻突破,则是更复杂的问题了。

Chapter 6 用经济学家的眼睛看世界

报复性关税的蝴蝶扇动翅膀可以引发多大的效应？

如果你常看美剧或者去过美国,就会发现美国人很喜欢开皮卡,特别是美国本土产的皮卡。

虽然美国有很多从德国和日本进口的轿车,但是皮卡的牌子基本都是福特、雪佛兰等几个本土品牌。比如那款著名的福特 F 150,在皮卡市场上的占有率达到令人震惊的 35%,特别是在投票给唐纳德·特朗普的那些州,在街上目所能及之处几乎都可以看到它。说实话,美国车性价比不算太高,旧车也不保值,福特皮卡能有这样神奇的出场率,除了因为它后台够硬,根正苗红,竟然还跟鸡有关。

故事要从二战结束后说起。

20 世纪 50 年代,欧洲满目疮痍、百废待兴,普通人家勉强能够吃饱穿暖。而禽肉类价格很高,所以并不在百姓的日常食谱中。但是美国本土并没有受到战争摧残,不仅如此,为了满足战时需要,农业技术还大大发展了。于是美国可以用先进的养殖方法养出便宜的肉鸡,再卖到欧洲去。一时间,欧洲人吃上了便宜的鸡肉。可是欧洲各大养鸡场却不开心了,跑到政府拉横幅闹事。政府维稳压力大,以法国和联邦德国为首的几个国家只好向本土养鸡场妥协,禁止从美国进口鸡肉。

美国人这就不高兴了。其实美国公司也就少出口了2000多万美元的鸡,折成今天的美元也才损失了2亿多美元,这对整个行业来说根本无伤大雅。可是这不光是钱的事,要知道,美国战后为了帮助欧洲恢复经济启动了马歇尔计划,从1947年开始,4年就援助了130亿美元,相当于今天的1300多亿美元,白给不说,还又出人才又出技术。结果欧洲扭头就禁止买美国鸡,美国好气啊!

于是,作为报复,美国总统林登·约翰逊(Lyndon Baines Johnson)签署总统令,从1963年开始对欧洲的皮卡征收25%的关税。在当年那个大众甲壳虫和小巴横扫美国市场的时代,对汽车业的征税反映出了美国人意志的坚决。作为中国人,我们在面对"白眼狼"方面也算经验丰富,所以很容易理解美国的反应。

本来这场鸡肉风波是发生在欧美之间的,可是,因为这位约翰逊总统是从副总统位子上升迁上来的,之后在1964年想连任总统时需要拉拢更多的支持,于是他就跟美国汽车行业工会主席进行了谈判,以向所有海外皮卡厂商征税为条件换取工会的支持。这下日本的几家汽车厂傻眼了,日本人也没说不吃你家的鸡啊?躺在另一个大洲也中枪,地球上还有没有安全的角落了?听说日本过圣诞节流行吃肯德基,不知这些车厂老板每年在吃美国鸡的时候会不会内心一阵唏嘘。

Chapter 6　用经济学家的眼睛看世界

经济学引申

报复性关税是指,原产于某国的货物出口至他国,被征收了歧视性关税,或遭遇其他歧视性待遇,该国因此对原产于他国的进口货物征收报复性关税,税率由具体情况定。

通常引发报复性关税的原因包括:

1. 对本国商品征收歧视性差别关税或采取贸易保护措施;

2. 给予第三国比给本国更优惠的待遇;

3. 在与本国的贸易中,"自由贸易"方面做得不够;

4. 对本国产品的知识产权没有提供足够的保护;

5. 在与本国的原贸易协定期满时,对新协定提出不合理要求。

当他国取消上述不公正待遇时,报复性关税也随即取消。但报复性关税往往容易引起他国采取同样的手段,从而导致关税战,最后往往以两败俱伤告终。

这项被称为"鸡肉税"(chicken tax)的关税一直延续到今天,导致很多海外厂家不得不把厂建到美国,以逃避关税,但仍然没法阻挡美国本土皮卡统治市场。其实,即使现在取消这项保护性关税,在很长的一段时间里也不会影响美国本土皮卡的地位。

类似这种当年合理合法设置的关税,其实是一笔留给后人的政治遗产。比如哪天美国的大米想卖到日本，需要让日本人取消大米关税，就可以以这个鸡肉税为交换的砝码。

多说一句，当年这个鸡肉税在国际上有关税与贸易总协定为之背书。这项协定是二战后各国觉得好好做生意才能防止战争而在1947年共同签订的，中国也是缔约国之一。新中国成立后，一直想重新恢复和继承这个缔约国地位，于是经过种种努力争取到了国际社会的认可，结果1996年这项协定被后来著名的世界贸易组织取代。历经磨难，直到新世纪，中国才加入世界贸易组织，在经济上重新站上了国际赛场。

回首再看，五十载匆匆而过。无论鸡肉鸭肉，中国都错过了很多。

Chapter 6　用经济学家的眼睛看世界

一个国家欠钱不还会怎么样？

20世纪上半叶的阿根廷曾经非常繁荣,经济水平比肩当时的发达国家。然而,由于政府多次"作死",认不清经济形势,再加上竞选时对选民百般讨好,从20世纪70年代起,阿根廷政府就不得不通过在国际上大举借债来维持运转。

政客借来了钱,给选民大鱼大肉的福利,任期内自然是政通人和。下一任总统在竞选时,总不能说为了还债我们要开始节衣缩食,那谁还会选你?所以继任者也只好借新债还旧债。

终于,在世纪之交的1999—2001年,年关到了,债主上门。阿根廷由此经历了历史上最严重的经济衰退,社会陷入混乱。商店餐厅纷纷关门,百姓上街游行,暴民在高速公路上拦下运牲口的车,当街杀牛分肉,连邻家大妈都变作剪径强人。

短短一个月,总统换了4个,但是几十年来欠下的债实在太多,国库已经空了。堂堂大国,总不能抵赖不还吧?

不过话说,真的不能吗?

于是第五位总统上任后好像突然开了窍,对债主们发表演讲说:

"我们阿根廷政府最大的错误,就是没有专心致志地为阿根廷人民服务。"

翻译过来意思就是:"我们当初凭本事借来的钱,凭什么还你们?"演讲时,在场的阿根廷民众山呼万岁,万众支持,没有丝毫羞愧。赖账可以赖得这么理直气壮,真的让我对这个国家感到钦佩。

2001年12月,阿根廷政府正式宣布债务违约,无法偿还。债主们惊呆了,因为这是当时最严重的国家债务违约。一位债主表示:"我觉得我可能把钱借给了一个假国家。"

如果是个人或者企业债务违约,债主可以去法院起诉,强制执行。但是国家债务违约,你总不能派一支军队去抢人家政府大楼里的桌子、椅子、笔记本电脑吧?

看着赖在地上打滚的阿根廷,债主们终于在2005年同意"债务重组":欠款的利息全部免除,本金只还30%。要知道,阿根廷本来是连30%也不想还的,但是它还梦想有一天可以继续到国际市场借钱吃肉。所谓做人留一线,日后好相见,象征性地还一点,大家都好过个年。

经济学引申

主权违约是指一国政府无法按时对其向外担保借来的债务还本付息的情况。如:债务重组;当期本金、利息未如期如数支付;债务总额超过国际货币基金组织贷款协议所规定的最高上限。

Chapter 6 用经济学家的眼睛看世界

当一国政府充当该国主权债券的债务人时,由于政府自身在司法体系中的角色使其很难出现在他国的破产法庭上,因此政府可能会在这种缺少法律约束的情况下宣布其主权债务违约。

但是,主权违约首先严重影响了一个国家作为国际借款人的声誉,使其进入国际资本市场实现融资的难度加大。

大部分的债主(91%)无奈同意了重组,毕竟散户和小基金是无力对抗主权国家的。但是他们中的一部分咽不下这口气,打算跟"老赖"硬扛到底,于是把欠条卖给了"黑社会"——一群注册地在开曼群岛的美国离岸金融公司。

由于此时阿根廷国债已经是垃圾,这帮金融公司以很低的价格买入9%的阿根廷国债,然后开始天天上门讨账,要求连本带息还钱,一分钱也不能少。既然敢跟一国政府硬碰硬,这群华尔街上的债主当然也有些手段。

虽然不能派军队去强制执行,但是2012年这些手眼通天的债主真的扣下了一艘出海执行任务的阿根廷军舰,连带船长在内的40多位船员也一并被扣押。说起来这艘船本身也不值钱,但是它是阿根廷军中的元老舰,多次授勋,被人给扣下来抵债,这场面实在太难看。

你可以想象一下:如果本国军舰被敌国击沉,你会感到愤怒;但是如果军舰被债主合法扣押,贴上封条再拿去拍卖还款,那给国家带来的就只有纯粹的屈辱。虽然这艘军舰在国际海洋法庭的斡旋下最后还是被释放了,但是华尔街大佬的能耐可见一斑。

如果说扣押军舰相当于是在"老赖"家门口泼油漆,那接下来华尔街大佬就展现了他们实际的一面。通过强大的律师团队,债主们在美国的法院成功起诉了阿根廷政府,并冻结了阿根廷在美国的海外资本。通过法律、金钱和游说集团来影响世界上最强大的政府,这一向是华尔街诸位的拿手好戏。

"老赖"可以背井离乡,国家却没有长腿。华尔街诸位这次的意思是,这笔钱你不还,以后国际资本市场的门你就别想进了。

阿根廷当然没办法接受这样的惩罚,毕竟以后生病舍不得卖房子的时候说不定还要众筹。于是2016年,阿根廷终于同意按要求赔付这9%的欠款,获得了重新在国际上借债的机会。到2016年11月,最后的4.7亿美元也终于落实,这场漫长的追索也算有了了结。而华尔街的大佬们当然赚得盆满钵满,其中光艾略特管理公司(Elliott Management)的老板保罗·辛格(Paul Singer)一个人就赚了26亿美元。

有意思的是,这笔对华尔街的还款最终是以发行新的债券的方式偿还,也就是说,华尔街大佬们逼着阿根廷政府去借钱来赔付自己。可见,就算是一个中等体量的国家,在耍流氓这一领域,跟华尔街比起来也只是个baby。而那些老实人呢,只好拿着30%的赔偿认栽。

多说一句,这笔把阿根廷折腾了十几年的债,总额也不过2000

亿美元。中国从2014年以来，几年的时间就流失了差不多1万亿美元的外汇储备，但即使是现在这样外汇危急的时刻，2000亿美元随手也就还了，不至于这样撒泼打滚地丢人。所以说，要想长久帅下去，还是要有才华。实力和外表如此相关，我若有所思地点了点头。

不被承认是市场经济国家,又能怎么样?

2016年12月5日,安倍晋三正式宣称不会承认中国的"市场经济地位"。早在同年5月,欧盟就以压倒性的票数通过了一个拒绝承认中国是市场经济国家的决议。美国商务部部长同年11月也确认了不会承认中国的市场经济地位。

但是,中国政府对此没什么激烈的反应,随口说了两句"你们不讲义气,我要强烈反对"之类的话就忙别的去了。因为对于中国来说,这样的态度实在毫不意外。这一切的缘由都要从20世纪末说起。

20世纪末,苏联解体,互联网蓬勃发展,不论是经济、军事还是文化,整个资本主义世界都充斥着蓬勃的希望和自信。此时的中国对欧美国家和日本来说是一块肥肉,人人都想要进来争夺这个庞大的新兴市场。借此机会,中国在2001年12月11日正式加入了世界贸易组织。作为"猎物",中国进入世界贸易组织时面临着很多苛刻的要求,其中就包括所谓的"第十五条"。

Chapter 6　用经济学家的眼睛看世界

第十五条的本质其实很简单,就是说万一中国扮猪吃老虎反而去抢占欧美市场,白人大老爷要有一杆枪来自卫。具体来说,比如中国的皮革又便宜又好,把意大利的皮革市场都抢了,意大利皮革老板带着小姨子跑了,工人都没钱吃饭,那么意大利政府就可以发动反倾销调查。

这项调查从中国企业开始,如果成本 10 块钱,卖到意大利却只卖 9 块,那中国政府至少补贴了企业 1 块钱,这就是所谓的倾销,意大利就可以以此为由给中国皮革加关税。

但是,调查组跑到浙江去一看,哎呀妈呀,你们工资这么低,2 块钱就有人干?你们快递这么便宜,居然还包邮?算来算去,这皮革真的只要 5 块钱就能生产出来,卖到意大利 9 块钱完全合理。这就没法起诉中国了。

然而,这个第十五条就是为了防止这种情况出现而存在的。

该条款规定,反倾销调查对非市场经济国家可以采用"替代国方法"。也就是说,你中国皮革成本不是只有 5 块吗,那也没用!隔壁印度皮革成本 15 块呢,你凭什么卖 9 块?中国自己可以证明自己工艺先进、成本低廉,但是总没法搞清第三国的成本吧?所以欧洲人说你倾销你就是倾销,就能给你加关税。对此,意大利老板表示:"小姨子,咱们可以回意大利了。"而印度则表示:"?"

经济学引申

替代国制度,指针对来自于非市场经济体的商品,在确定其正常价值时,不使用其出口国商品的实际成本,而选择一个市场经济第三国或进口国的同类相似商品价格作为计算正常价值的方法,所被采用的市场经济国家通常被称为"替代国"。

所以,从加入世界贸易组织开始,中国就不懈地追求成为"市场经济国家",这样至少在被世界贸易组织进行反倾销调查的时候不会被使用第三国的数据。这些努力当然都是徒劳的:欧盟说中国对进出口贸易进行管制,其实如澳大利亚、加拿大对小麦出口就实行国家专营;欧盟说中国国企太多,而意大利2014年国内生产总值的37%是由国企产出的。

在这里,"市场经济国家"的定义很简单,你让我赚钱,你就是市场经济国家。说你是非市场经济国家你就是非市场经济国家,你还硬是要问为什么,那还不是因为你抢了人家的饭碗?

我非常理解欧盟和美国的做法,在国与国之间,"自私"是最基本的规则。如果某个政府不首先为自己国家考虑,这就是个不负责任的政府。如果给予中国这样的话语权,中国肯定说我们自古以来就是市场经济国家。

Chapter 6　用经济学家的眼睛看世界

但近两年,我们却不再拼命争取市场经济地位了。我看到有新闻说,2016年年底,我们自动成为市场经济国家。这是报道出了偏差?

实际上,真正到期的是第十五条。这一条款只有15年有效期,从2001年到2016年,正好15年。它过期了。也就是说,2016年后不管我们是不是市场经济国家,"替代国方法"都将不能再对中国使用。以后欧盟要是还想指责中国倾销,需要证明中国企业成本高于售价,这样一来,主动权就在我们手里了。意大利老板表示:"能不能让我和小姨子在意大利过完年?"

这里想特别提一下钢铁行业。当年为了应对金融危机,中国政府靠基础建设和房地产硬顶了一枪,钢铁产能五年翻了四番。现在建设放缓,钢铁产能过剩,就只好往外卖,欧美国家天天抱怨说我们倾销钢铁,一定程度上也是当年他们自己种下的祸根。

所以,不管美国、日本、欧盟怎么表示,以后中国在世界贸易组织做生意都会更从容一些,这个情况也是美国之前想要主导TPP不带中国玩的原因之一。日本在这个时候跳出来,也只是表态站队。

现实链接

本来,趁着这个条款到期的机会,中国政府的意思是顺便争取一把,让大家承认自己的市场经济地位,以后少点麻烦。毕竟,虽然"替代国方法"失效,老打官司也还是挺烦的。但是,现在中国生意做得还不错,没必要为这个名头出血让利,欧美当然也不愿意白给你。

这么多年来,咱们一直都不被承认为市场经济国家,对于现状的重申向来是没有多大实际意义的,各国每天都重申爱好和平、保护环境,也没见到世界和平啊。无论怎样,在可见的时间内,大家一起做生意的主题仍然是不会变的。

Chapter 6　用经济学家的眼睛看世界

我们为什么总去援助非洲兄弟？

这个主题其实有两层意思：第一，为什么我们要援助非洲？第二，为什么不把这些钱用在国内？

现实链接

援助非洲的原因很简单，因为中国是有钱没处花，有力也没处使。

这并不是在"凡尔赛"。

一方面，即使是在外汇储备吃紧的2017年，我国仍然有3万亿美元捏在手里。这钱不花就是废纸，所以我们总想拿着钱出门买点东西。买点工业制品给百姓用吧，这些东西大多数是我们自己制造的，没道理在外面买；买高科技和军火吧，这是发达国家的命根子，欧美国家不可能卖给咱们；买农产品？农产品本来就便宜，而且我们还要确保粮食自给，所以这钱也花不出去……看来看去，只有买资源了，比如石油、矿石、木材之类。

另一方面呢,我们有力也没处使。

钢铁行业有个段子:全球钢产量排名第一的是中国,第二是中国河北省,第三是中国河北省唐山市,第四、第五才是日本和美国。

这些年中国的基础建设日新月异,但同时也埋下了产能过剩的隐患。国内的路和桥都造好了,基础建设的设备和人才要怎么办?所以我们得走出去,无论是亚投行还是"一带一路",都是在为这些无处安放的产能找市场。

放眼世界,哪里有便宜的资源呢?非洲。哪里又需要庞大的基础建设呢?还是非洲。

这不巧了吗不是?

对非洲来说,有钱买资源的发达国家人力太贵,要弄点贷款还行,让他们投入人力去搞建设是根本不可能的。美国连自己的高速公路都破破烂烂,哪有精力去非洲修路?

而中国要钱有钱,要设备有设备,要人有人,开的价又低——仅仅是荒山野岭里非洲人自己开采不了的矿山,以及还只存在于图纸上的码头和铁路运营权。你去加盟个快餐店都不会这么省心,非洲人当然愿意了。

而对中国来说:买到了便宜的资源,拿回国加工好继续卖给欧美大户,赚加工费;同时,过剩的产能也被消化了,工人不下岗,工资还

Chapter 6 用经济学家的眼睛看世界

能涨；顺带搞搞文化传播，一不小心还拍了个相关题材的爆款电影，美滋滋。

可是这些钱为什么不能被直接用在国内呢？因为这钱压根就没法在国内花。中国的外汇政策是强制结售汇制度，也就是说，你赚到美元必须要跟国家换成人民币才能使用。国家拿着的外汇都已经印发了相应的人民币，现在你把这些美元再发给大众一次，大众还是要拿着美元去换人民币，那直接开印钞机撒人民币不就得了，绕那么大一圈干吗？

经济学引申

强制结售汇制度是指除国家规定的外汇账户可以保留外，企业和个人必须将多余的外汇卖给外汇指定银行，外汇指定银行必须把高于国家外汇管理局头寸的外汇在银行间市场卖出。

那为什么不把我们的产能直接投入贫困地区呢？恰恰是因为我们不够富有，所以一点小账也要算计清楚。在国内，资源丰富的地方早就通路通桥了，接着在贫困地区搞基础建设，收益太低。而刚刚说过了，在非洲搞基础建设项目就是为了丰厚的回报。

所以，归根结底，在非洲修路是做生意，在中国落后山区修路是做福利。只有生意做好了,我们才有余力去做福利。

在整个产业链上,我们一方面在跟欧美争夺"高富帅"行业,另一方面也不能忘了把上游的资源行业控制住。这一步非洲布局,名利双收,我觉得可以,没毛病。

Chapter 6　用经济学家的眼睛看世界

冬奥会将对京津冀乃至全国的
经济产生怎样的影响？

奥运会在中国是一个政治问题。中国梦，软实力，"一带一路"走出去，这么多好聊的事情我们都不聊。那我们聊什么？聊一聊钱呗。

先来看看历届奥运会的经济效应：

图15，0以下的部分是开销，0以上的部分是赞助、门票、转播权的全部收入。数字的单位是"10亿美元"。

几乎没有能拿回成本的。这还不包括奥运会以后场馆的巨额维护费用。

特别值得一提的是"蒙特利尔陷阱"。

蒙特利尔在1976年举办夏季奥运会后陷入债务危机，当地开始向居民征收一种特殊税种"奥运特别税"，这个税一直收到了20世纪末，收了整整20年。

日本长野冬奥会的情况类似。冬奥会后，长野的制造业业绩下滑了30%，创下了211家企业破产的纪录，经济衰退程度甚至超过了第二次世界大战后的日本大衰退。

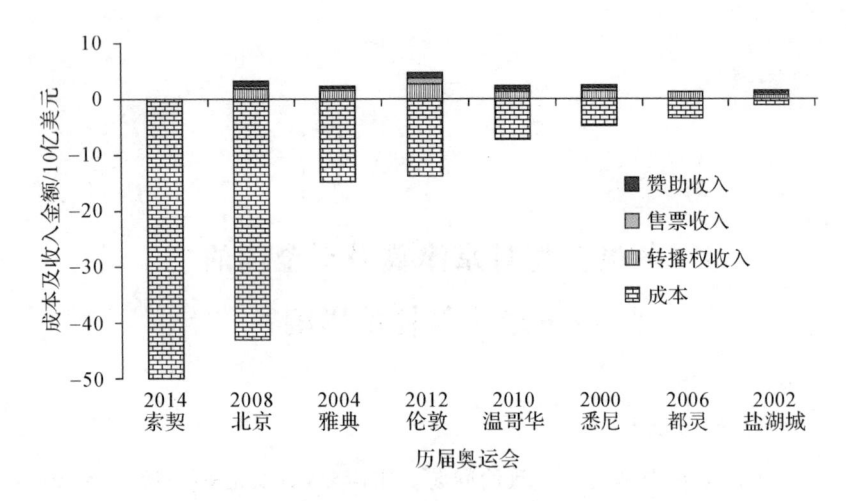

图 15　历届奥运会开销收入对比

注：从左至右按成本由高至低排列。

经济学上把这个叫作"白象效应"。国王赏给大臣一头珍贵的白象，大臣为了让它吃好住好，把自己整破产了。

经济学引申

1976 年第 21 届夏季奥运会在加拿大的蒙特利尔举行。本届奥运会出现了 10 多亿美元的巨额亏空，致使该市的纳税人直到 20 世纪末才还清这笔债务。为了 15 天的奥运会，该市的纳税人负债 20 年，也使奥林匹克运动受到沉重打击，使原来准备申办奥运会的国家纷纷退出。这被称作"蒙特利尔陷阱"。

Chapter 6 用经济学家的眼睛看世界

2008年北京奥运会的成功举办可以说是打破了这一常态。"北京6月19日,新华社记者张晓松报道,审计署19日公布了北京奥运会财务收支跟踪审计结果……北京奥委会收入即将达到205亿元,较预算增加8亿元;支出将达193.43亿元;收支结余将超过10亿元……"

要不怎么说社会主义有先进性呢。

可是我手贱继续搜了一下,奥委会的支出里不包括场馆建设和安保费用。而场馆建设开销是130亿元,安保是十几亿元。我减法学得不好,算不出来最后的结论,你们谁算出来了记得告诉我。

他们又说奥运会能提振旅游业。

通过我在独家网找到的一张表可以看到,2008年以后中国吸引国际游客的增速放缓了(见表1)。

表1 中国历年旅游人数和收入统计(2007—2012年)

指标	2007年	2008年	2009年	2010年	2011年	2012年
入境游客/万人次	13187.3	13002.7	12647.6	13376.2	13542.4	13240.5
国际国内旅游总收入/亿元	10956.5	11585.8	12893.9	15681.1	22435.3	25866.6
国际旅游外汇收入/亿美元	419.2	408.4	396.8	458.1	484.6	500.3
国内旅游收入/亿元	7770.6	8749.3	10183.7	12579.8	19305.4	22706.2

注:本表数据由国家旅游局提供。

北京在此次冬季奥运会的申办中只有哈萨克斯坦的阿拉木一个对手,顺利成为人类有史以来唯一一个既举办过夏季奥运会,又将举办冬季奥运会的城市。这是为什么呢?本来冬季运动强大的挪威也申请举办这次冬奥会,但是由于有55.9%的挪威公民不支持申办,于是退出了。乌克兰、德国和瑞士也都进行了类似的投票,结果支持率都很低。原因很简单,人民不愿意出这个钱。任何政党也不愿意冒着亏大钱得罪选民的风险去出这个风头。

所以只剩下人民民主专政的中国和一个总统干了20多年的哈萨克斯坦参与申办了。

要说奥运开支都拿来修路盖房子,那也是用在了自己家里,倒也不算太亏。可是奥委会对举办国还提出了很多要求。比如,对奥委会成员的通行都要有特别安排,奥委会成员不能跟公众使用同一条路,机场和奥运场馆也要有专门供奥委会使用的道路。又如,"当地奥委会官员和宾馆的经理在客房内迎接,并带上当季的新鲜水果以及蛋糕"[①]——奥委会那边是不产水果吗?

另外,说一下奥委会这个组织。不用支付运动员工资,不用支付场馆和基建费用,拿着转播权到处卖,还收主办国和申办国的钱。几十亿美元的现金在账上趴着,还非说自己是非营利性组织。这世道就是卖情怀赚得多,谁给我汇点钱,我的哲学思考还需要一些资金支持。

这次冬奥会,北京给出的预算是30亿美元。要知道索契冬奥会花了500亿美元。毕竟我们的场馆建设和安保是不能算钱的。

[①] A welcome greeting from the local Olympic boss and the hotel manager should be presented in IOC members' rooms, along with fruit and cakes of the season.

Chapter 6　用经济学家的眼睛看世界

当然,有一句说一句,这次冬奥会对张家口的经济肯定有巨大好处。大量的资源会被投入当地的基建和文化建设,政府管理水平也会被拔高,可以说是当地千载难逢的机遇。

既然奥运会大都在亏钱,世界上都没什么国家在申办了,为什么我们一定要申办冬奥会,或者为什么一定要现在申请?提振民族信心,提升国际地位当然是主要原因。

最后还是要说,如果不谈钱,举办冬奥会、世界杯之类的活动还是挺让人开心的。毕竟我很爱看热闹。

Chapter 7

经济学家的脑洞，要多大有多大

Chapter 7　经济学家的脑洞，要多大有多大

这一次，经济学家又干了什么蠢事？

在简单了解一些经济学之后，你就会明白"愚蠢的善良"简直是人类的日常活动。

客观地说，各国政府的大多数政策失误都可以被称为"愚蠢的善良"，但有一些政策蠢得很有特色，很值得拿出来说一说。

比如，在中南美洲的旅游城市有很多流浪猫狗，北美的大老爷们在度假的时候常常会看到这些可怜的动物。美国的一些非政府组织（Non Governmental Organizations，NGO）同情心泛滥地表示，让这些猫狗四处流浪、无家可归简直太不人道了，如果墨西哥或多米尼加不处理好这些流浪动物，我们就发动群众不再去旅游。于是，毫无意外地，这些流浪动物被当地政府用最高效的方式处理妥当了，安静又迅速地结束了它们的流浪，和生命。

又如，美国和加拿大近年来一直在提高最低工资保障，包括西雅图在内的不少地区都把最低工资调到每小时15美元。高工资会使得企业少雇人，这是很简单的道理。2011年的最低时薪调整，在全美范围内减少了30万个工作岗位。而且，受这些政策调整伤害最大

的反而是那些最需要帮助的人,因为最难找到工作的往往是文化程度低或者工作能力低的人。

再如,酒吧禁烟法案。美国威斯康星大学密尔沃基分校的亚当斯(Scott Adams)教授研究指出,酒吧的禁烟法案使得爱抽烟的客人选择去隐蔽的酒吧边抽边喝。由于他们需要开车到更远的地方喝酒以躲避检查,禁烟地区的酒驾事故多了13.5%。不过即便如此,我依然支持公共场所禁烟。

同样的道理,对濒危物种的保护机制也给这些种群带来了危害。环境学家和生物学家在地图上圈出一个自然保护区,然后这里就再也不能被商业开发,土地也因此贬值。这简直是一场赌博,赌一赌土地所有者能不能在保护区成立之前猎光这个种群。布德罗(Donald J. Boudreaux)教授表示,环境学家和生物学家常常输掉这一场人性的赌博,毕竟在美国,猎人和猎枪都不少。而这些不学经济学的生物学家,只得耸耸肩,去划另一片"保护区"。

20世纪60年代,美国政府设立了多项交通法规来增加汽车的安全性,比如强制使用安全带,安装防碎的汽车挡风玻璃以及软面的操控台,等等。这些措施大大降低了事故死亡率。

然而到了20世纪70年代,芝加哥大学的萨姆·佩斯曼(Sam Peltzman)指出,这些安全条例并不会降低道路的整体死亡率。原因很简单:由于汽车更加安全了,车祸对驾驶员造成的伤害更小了,因此驾驶员开车时就会更容易放松警惕,这就导致虽然每起车祸的死亡率低了,但是车祸总数量却增加了。特别值得注意的是,行人并没

Chapter 7　经济学家的脑洞，要多大有多大

有受到这些新法律的保护，却需要面临更多的车祸，因此行人的死亡率提高了。

这项研究也被经济学家称为"杀人的安全带"。

路人纷纷表示："是不是智障？"

其实故事到这里，我还可以硬着头皮告诉大家经济学家只是理性得可爱。实际上，上文的部分也被收录于曼昆版（格里高利·曼昆）的经济学教科书中。

但是接下来的一切就太刺激了。面对路人的鄙夷，经济学家们想要切实证明自己的明智。于是他们提出假设，如果把安全带取消，你们开车会不会小心点？加利福尼亚大学洛杉矶分校的阿门·阿尔奇安（Armen Alchian）教授因此起草了一个"真正可以减少车祸的方案"，即在方向盘中间安装一把利刃，对准驾驶员的心脏。如此一来，驾驶员就会小心开车，交通事故的数量一定会大大减少。

我看到这里的时候已经惊呆了：是不是智障？

其他经济学家也都义愤填膺地推翻了阿尔奇安教授的建议。"在驾驶员心口顶一把刀是一个减少事故的好主意（啥？），只是没有把'轻松驾驶'这项效益考虑进去。胡乱开车虽然可能会死，但是同时也能得到胡乱驾驶的快乐。因此我们不应该阻止大家胡乱开车。"

Excuse me？原来想要安全驾驶，真的得放一碗水在副驾驶座吗？0到100公里，谁敢与你们为敌，是不是啊，秋名山车神？

虽然这个例子很蠢,但却生动地为我们解释了曼昆原理的第四条——人们对激励做出反应。

现实链接

芝加哥大学数学系的斯蒂文·兰兹伯格教授也提过这条原理,他总结道:"如果把经济学简化为一条理论,那就是人们对激励做出反应。而其他一切模型都只是对这条理论的补充。"

司机确实会因为身处险境而更加小心。这条理论很朴素,正如没有人会对银行降低利率导致存款减少感到惊讶。

但是很多时候,我们没有想过老板为什么要让你做手上这份工作,朋友为什么要组局吃饭,同事为什么突然提及他新认识的美女,还有为什么大家都那么爱我——这一直都是一个未解之谜。其实,在人际交往中,对方说了什么并不重要,他为什么要这样说才是交流的关键。希望各位读者能将对"动机"的计算融入生活的每一秒,这也是经济学思维的一种应用。

当然了,老婆是不适用这条理论的,毕竟老婆们发脾气就仅仅是因为她们想发脾气。

Chapter 7 经济学家的脑洞，要多大有多大

经济学家在抓犯罪分子方面有什么奇招？

你们知道从毒品顺藤摸瓜抓毒贩是很难的，但你们不知道的是，缉毒机构还曾经尝试过从毒资入手。

在早期，大面额的美元是毒贩最喜欢的支付方式。目前世界上所有美元现金中，100美元面值的占现金总量的80%，而日常生活中几乎没人使用百元现钞，甚至连美联储自己都不知道这些钱流通到了哪里。于是20世纪90年代，美联储主席艾伦·格林斯潘（Alan Greenspan）专门为此成立了一个小队，调查百元面值美金的去向。

领队的大姐叫露丝·贾德森（Ruth Judson），她花了几年时间，带着几个特工满世界寻找大额美元，但是效率太低。恰好，这个小队里有个小哥是学生物出身的，他想起了以前估算鱼群数量的方法。这个方法是：先在湖里抓100条鱼，全部涂上标记之后放回湖里，然后再随机捞100条鱼，看看带标记的鱼有多少。这样反复统计几次之后，就能大概知道带标记的鱼在捕捞上来的100条鱼中所占的比例，也就能算出湖里有多少鱼了。这个故事告诉我们，即使在美国，学生物也还是找不到对口工作。

于是，这个小队在美元现钞发行前做上标记，最后统计出竟然有2/3的百元美钞流向了海外，而海外银行和换汇机构只保有极少一部分，大部分百元美钞都成为地下交易的中介。毕竟100万美元的现钞只有十几磅重，一只手就能提起，另一只手还能拿条枪，形象非常"社会"。

因此，为了增加犯罪组织的金融成本，经济学家提议停止发行100美元和500欧元面值的钞票。普通人用不到这么大面值的钞票，合法的交易用银行转账更方便，只有逃税、贩毒、人口拐卖之类的犯罪才需要这么大面值的现钞。然而，一方面美联储舍不得这笔铸币税，另一方面民权组织认为不能给予监管机构完全监管资金动向的权力。因此，仍然保留了100美元面值的钞票。

但是，即使是100美元面值，对更大的犯罪组织来说仍然很不方便。很多专门的洗钱机构就应运而生。美国缉毒局（DEA，专门禁毒的机构）为了顺藤摸瓜搞清楚毒资的动向，曾经专门为此开过一家银行。

经济学引申

现代意义上的洗钱，是指将走私犯罪、黑社会性质的组织犯罪、卖淫犯罪、贩毒犯罪或者其他犯罪的违法所得及其产生的收益，通过金融机构以各种手段掩饰、隐瞒资金的来源和性质，使其在形式上合法化的行为。

Chapter 7 经济学家的脑洞,要多大有多大

这家叫作 RHM 的银行注册在加勒比海的一个小岛上,目的是调查一个叫巴勃罗·埃斯科瓦尔·戈维利亚(Pablo Escobar Gaviria)的大毒枭。此人号称 20 世纪头号通缉犯,有钱有枪,甚至曾登上过福布斯财富榜。

为了使警方开的银行不被怀疑,其洗钱的价格还略高于黑市水平,但是 RHM 银行还是在南美毒贩中迅速打响招牌,因为该银行安全快速,从未出事——毕竟是警察开的。

警察也真的从中获得了大量有价值的线索。比如,他们如果想要了解某笔资金真正的主人,只需要延迟支付两天,对方自然就会焦急地打来电话。

大量可疑的资金曾经引起过美国货币监理总署的注意。官员们关停了 RHM 的转账业务,并约谈了 RHM 的行长——缉毒局的警官。当然,在说明情况后,银行的业务很快被重启。

但是,RHM 还是很快就停业了。因为 RHM 银行太过成功,获得了犯罪组织的交口称誉。这样一来,很多毒贩的同行——人贩子、杀手、黑社会等都来找 RHM 洗钱。可是,RHM 无权侦查除了贩毒以外的其他刑事犯罪,只能接毒贩子的生意。很明显,这样不需要多久就会被揭穿。因此,这家银行最终还是停业了。

国际刑警和美国缉毒局通过这家银行的线索,一共抓捕了 100 多名毒贩,收获颇丰。更重要的是,此举减少了毒贩洗钱的渠道。他们无法再相信类似的洗钱机构,因为没法分辨它们是不是警察开的。

大毒枭巴勃罗并没有因此被逮捕,贩毒组织严密的结构让顺藤摸瓜几乎不可能实现。不过,数年后他在哥伦比亚死于枪战,没有善终。

CIA(美国中央情报局)也曾经用经济模型抓恐怖分子。

早在当年"9·11"袭击时,就已经有人在发美国的国难财。袭击发生的3天前,市场上做空美国航空公司的股票交易量是平常的286倍。全世界多个交易所出现了关于航空业的异常交易,有个新注册的账户在"9·11"事件中直接盈利数千万美元,这笔钱至今也没人认领。

不需要是什么专家,也看得出来世界上肯定有人提前知道这次袭击。

于是CIA从2005年起从股票市场里搜集线索。

一场成功的袭击,必然伴随着股市的暴跌,只要提前做空,就能大赚一笔,就算失败,只需要正常把钱取回来即可,可谓万无一失。

这种必定暴富的诱惑是很难抗拒的。

这倒不是说恐怖分子自爆之前会掏出手机先做空一下股票,可是恐怖分子也有家人、朋友、高中同学、楼下卖卤味的阿伯。他们喝多了也会吹牛,临走也会跟家人交代后事。

试想,连"我,秦始皇,打钱"这种诈骗都能奏效,更何况你不小心知道你的兄弟顺溜明天要去炸五角大楼,美股突遭重挫,卖空一定暴富。反正如果是我,我肯定在彻夜难眠之后对军工股重拳出击。

美股数量众多,如果把每一秒钟的交易都监控起来,数据量太

Chapter 7　经济学家的脑洞，要多大有多大

大。于是 CIA 就选了跟恐怖袭击有关的 400 多只股票，例如邮轮、酒店、机场之类，把它们日常的交易监控起来。

异常交易其实非常显眼。大多数股票都在涨，突然一只机场股票跌了，或者是平常无人关注的火车公司股票，突然被大量卖空，都是一种警示。

这些异常有可能是因为突发事件，比如大客户突然跟竞争对手跑了，海里养的扇贝突然跑了，老板带着小姨子跑了，那么这种交易倒也合情合理。

可是如果没什么相关新闻，股票还是被突然卖空，那么很明显，有人知道什么别人不知道的事情。

2006 年 8 月，这个模型成功预测了一场针对伦敦的液体炸弹袭击。这场袭击原计划在空中引爆 10 架飞机，杀死两三千人。CIA 联合伦敦警察抓获了数十名恐怖分子。

有哪些完全不符合经济学原理的奇妙法规？

在网上搜邮轮旅行路线的时候，我看到了一条特别令人疑惑的要求。

如果游客选择在美国登船，从哪里上船就必须从哪里下船，中途不能从其他美国城市离开。因为美国对本国航运业有这样一条规定：无论是内河还是沿海，货运还是客运，不同港口之间的船只都必须是美国公民所有，以美国公民为船长，由美国水手驾驶，并且在美国制造；在两个港口之间往来必须乘坐美国船，所以乘坐非美国的邮轮只能在一个港口上下。

这就非常奇怪了。你半夜从深圳开车到东莞，不会在乎车是不是国产车；人们从上海坐飞机到海南，也无所谓飞机是波音的还是空客的。美国号称自由国度，怎么就容不下别国的船长或水手呢？难道美国的水手真的比较大力？

出于好奇，我翻了些资料，发现这条叫作"琼斯法案"（Jones Act）的法规原来大有来头。

Chapter 7　经济学家的脑洞，要多大有多大

🔄 经济学引申

在美国国内，海运这一领域，1920年的"琼斯法案"规定，从美国某港口起航至美国另一港口的航运货物，无论是直达航线还是中间停靠其他国家港口，均必须装载在由美国制造、美国船员操控和美国公民所有的船舶上。

具体内容包括：经营美国境内航线的船舶必须由美国制造，并在美国登记；经营美国境内航线船舶的所有权至少有75%是美国公民拥有；经营美国境内航线船舶的驾驶员和船员必须是美国公民；经美国航运管理局的批准，外国公司可以短期租用美国船舶在美国港口之间从事贸易活动，或外国船舶暂时在美国国内航线从事运输；等等。

要说这条法律在当初制定时，也不是毫无依据。第一次世界大战期间，美国为了打仗造了很多的运输船。战争结束后，这些运输船纷纷改作民用，于是市场饱和，造船业难以为继。1920年，造船大城西雅图的乡贤卫斯理·琼斯（Wesley Jones）议员提出了这条法案，目的是保护美国本国造船业和航运业。这条以他名字命名的法案在当时倒也无可厚非。可是时过境迁，美国后来不再以造船业为支柱产业，反倒立国于金融贸易，这项法律就大大增加了国内贸易的成本。

现在美国本土制造的船本来就少,美国水手的工资又普遍较高,这就让合法的美国船只运费畸高,比国外同行贵好多倍。由于运费高昂,佛罗里达的工厂宁愿从哥伦比亚进口煤炭,也不买本国煤炭;弗吉尼亚和马里兰等地从南美进口路盐,而不用本国路盐;沿海的消费者买加拿大和阿根廷的牛肉,要比买国货便宜得多。同样的距离,在国内的运费反而比国外贵。最惨的还是夏威夷和阿拉斯加这种边疆地区,和本土的贸易往来几乎全靠海运,自然是深受其害,苦不堪言。

根据美国贸易委员会的数据,这条法案每一年都白白给本国贸易增加20亿美元以上的成本,同时还减少了贸易总量。全球化发展到今天这个程度,这样奇葩的法律早已不适应时代。

说起来,美国政府也不断试图废除这个法案,但至今也没能成功。原因很简单,这每年几十亿美元的成本是分摊到许多企业或个人身上的,声音分散,而受益者则是一个小的利益集团,抵抗顽强。造船业从中获得垄断地位,航运业坐收高价,美国海军能更方便地招到水手。所以他们就会以重金组建游说集团来阻止法案的废除。

一边,买单的人是夏威夷的农场主、弗吉尼亚的扫雪工人,而另一边,他们的对手则是造船业以及美国海军。这场公关对抗的结果不言自明,而这条不合理的法规也就延续至今。

美国众议院海上警卫队和海上运输小组委员会主席邓肯·亨特(Duncan Hunter)说:"'琼斯法案',它的价值是保护美国的就业与保持美国海运的能力和力量,同时也在别的领域带来了好处,包括国家

Chapter 7　经济学家的脑洞，要多大有多大

安全。'琼斯法案'在超过一个世纪的时间里充当了美国航运能力的忠实保卫者。与过去100年没有任何不同，'琼斯法案'始终对美国国家安全和未来经济至关重要。"

然而，我觉得这一法案也并非稳如泰山。随着页岩油气技术的成熟，美国在墨西哥湾炼的石油会越来越多地进入本土市场。在"琼斯法案"下，从国内运油的运费比从中东地区运还要贵两到三倍，导致很多公司不得不先把油运到巴拿马，再重新卖回美国。于是，这条法规得罪了石油行业。

这些石油巨头以前不占理的时候，都能使中东伏尸千里，流血漂橹。现在有个能够名利双收的靶子，它们也一定会有动作。造船业平时欺负百姓商贾也就罢了，石油业可是个"社会人"："听说你们造船业上头有人，难道能比本·拉登还难整？"

利益受损的石油公司能量惊人，但这法案却是造船业的存亡所系，想必围绕着这一奇怪的法案，华盛顿的夜晚少不了暗潮汹涌。这个"神仙打架"的过程我们无缘得见，但是等这一法案的存废之争有了结果，那就是两个行业已经在暗中斗出了死活。像阿拉斯加的渔家女、夏威夷弹吉他的艺术家这类普通人，虽然每天都在为此买单，事情的进展却跟他们没什么关系了。

所谓法律面前人人平等，那么法律背后呢？当然是各凭本事了。

那法律够不着的地方靠什么呢？一想到可能是靠才华或脸，我眉头轻舒。

有哪些文化习俗蕴含着颇为理性的经济学道理?

守寡是亚洲特有的风俗。

中国人在早期并不认为寡妇再嫁是羞耻或禁忌。唐朝时,为了增加人口,政府大力鼓励男女再婚,连公主改嫁都稀松平常。

宋朝改嫁问题也不大,宋太祖本人都让寡妹改嫁他人。范仲淹订立的《义庄规矩》中规定:"嫁女支钱三十贯,再嫁二十贯,娶妇支钱二十贯,再娶不支。"二婚男没人在乎,再嫁的妇女反而可以获得二十贯政府津贴,不知道那会儿有没有人假离婚骗补。

可是从元朝开始,情况起了变化。

此前,妇女还能掌握自己的命运,从元朝开始,妇女的人身权、财产权和子女抚养权转移到了夫家。这主要体现在三个方面:

1. 妇女的孝顺对象,从父母变成公婆,媳妇需要赡养公婆;
2. 嫁妆属于夫家,无论改嫁还是离婚,妇女均不能带走嫁妆;
3. 子女属于夫家,妇女改嫁也不能带走子女。

也就是说,女性的人身权、财产权和子女抚养权,从本家转移到

Chapter 7　经济学家的脑洞，要多大有多大

了夫家。

这是由于蒙古人完全不同的婚俗文化。女性在蒙古文化里更像是一种劳动资产，蒙古人娶老婆要付高额彩礼，等于买婚，而女性也因此成为夫家的财产。

婚后女人就像帐篷、牛羊一样，成为家庭的财产，对财产自然不能随便浪费。收继婚的习俗因此产生，哥哥死了，弟弟需要娶嫂子，父亲死了，儿子可以娶父亲的妻妾——只要她不是自己的亲生母亲。

一代天骄成吉思汗，征服了小半个地球，也没能免俗。他还没过世，儿子察合台和窝阔台就为了谁能娶大汗的美妾起了争执，兄弟争相给父亲戴绿帽子，老头儿躺在床上不知作何感想。

弟弟娶嫂子更是常规操作，隔壁潘金莲馋哭了。

乱伦不是大事，出轨却决不能饶恕。蒙古人把女人的"外乱"视为家族的严重损失，惩罚极为严厉，外嫁更是不可接受。

因此，在元代蒙古人统治时期，汉文化和蒙古文化出现了剧烈的碰撞。在1276年之前，朝廷严格地执行蒙古法律，导致了汉族的激烈反抗。从1276年到1294年开始逐步放松对收继婚的执行，直至1330年政府下令完全取消汉人的收继婚："诸汉人、南人，父殁，子收其庶母，兄殁，弟收其嫂者，禁之。诸姑表兄弟叔嫂不相收，收者以奸论（《元史》）。"

蒙古人改了法律，汉人也不是没有妥协，守寡就是一种折中的方式。寡妇不愿被依法乱伦，又不想失去财产权、子女抚养权、人身权，最好的办法就是守寡不嫁。

这样,守寡既满足了蒙古文化中不离夫家的要求,又没有违反汉族乱伦的禁忌。除了牺牲了寡妇本人的自由,各方的诉求都得到了满足。

于是从元代起,政府开始鼓励女性守寡。"若三十以前夫亡守志,至五十以后,晚节不易,贞正著明者,听各处邻佑社长明具实迹,重甘保结(《元典章》)。"

明朝和清朝继承了这种文化,也各有对守寡节妇的表彰,政府设立专项基金为节妇立贞节牌坊。同时,明清时期纺织业发展迅猛,女性可以织布换钱,自给自足,进一步提高了守寡的操作性。

那么蒙古人为什么会发展出收继婚这种婚俗呢?

这里要推荐复旦大学高凯教授的一篇神论文《地理环境与中国古代社会变迁三论》。

高老师调查了大兴安岭——西辽河、阴山南北、阿拉善高原和鄂尔多斯高原及其他收继婚流行的区域,发现这些地区的土壤成土,母质多为第四季风成黄土,土壤中有效锌、铁、锰等微量元素含量很低。

环境中缺乏微量元素,人体也就跟着缺乏。这些微量元素在妊娠时极为关键,缺铁缺锌导致大量女性死于难产及并发症,男女比例因此失调严重。直到20世纪,内蒙古的男女比例,曾高达127:100,也就是127个男性才有100个女性。在一些极端的地区,如乌兰察布市,男女比例一度达到150:100。

育龄女性的极度缺乏,使得女性的生育能力沦为被争夺的资源。这也就是蒙古女人即使丧夫,也不可离开家族的原因。

Chapter 7　经济学家的脑洞，要多大有多大

谁能想到,女人守寡归根结底是因为她们稀缺。

经济学引申

稀缺是指,在某一特定时空里,有限的资源大大小于人类满足欲望的总体需求。根据西方经济学的观点,资源的稀缺会导致竞争,良性的竞争会引起资源的最优配置,从而弥补资源稀缺所带来的限制。

匹夫无罪,怀璧其罪。寡妇无罪,怀孕其罪。既帅又有才华的男人也很稀有,而我又有什么罪呢?

都说劣币驱逐良币，为什么良币不能驱逐劣币？

所谓劣币驱逐良币，即格雷欣法则，有一个大前提是劣币和良币具有相同的购买力，如此一来，大家就会把成色好的良币藏在家里，拿着劣币出去交易，久而久之，市场上流通的就都是劣币。

经济学引申

劣币驱逐良币是指，当一个国家同时流通两种实际价值不同而法定比价不变的货币时，实际价值高的货币（良币）必然要因被熔化、收藏或输出而退出流通领域，而实际价值低的货币（劣币）反而充斥市场。该理论由16世纪英国伊丽莎白财政大臣格雷欣提出，因此也被称为"格雷欣法则"。

格雷欣法则的实现要具备如下条件：劣币和良币同时都为法定货币；两种货币有一定法定比率；两种货币的总和必须超过社会所需的货币量。

狭义来说，劣币驱逐良币是指因为信息不对称，物品的估值方

Chapter 7　经济学家的脑洞,要多大有多大

(信息缺少的一方)估值一定时,物品的提供方(信息充分的一方)会选择提供实值较低的物品(劣币),致使实值较高的物品(良币)越来越少。广义来说,劣币驱逐良币也可以泛指一般的逆淘汰(即劣胜优汰)现象。

然而,良币在一个公平的市场里,是可以驱逐劣币的。而且这种事在货币史上真的发生过。

中国历史上唯一一次国家下放铸币权,是在汉朝,汉文帝"使民放铸",鼓励民间自己铸币。

当时,西汉政权对地方的控制力有限,铜币的私铸和贬值情况很严重,市场上劣币盛行。

印钞票这门生意,本质是赚取印钞铸币的物料成本与币值之间的利差。100元现金,印钞成本只有1元,那么99元是印钞的利润。

私铸铜币等于印假钞,是在侵吞国家的铸币利润。

现代社会,印假币的都是小作坊里的制假小贩,靠派出所民警就能一举查获,而古代有能力铸私币的往往是豪门大族甚至是地方军队,国家监管起来非常吃力。

既然铜币的购买力一样,大家铸私币的时候就能省则省,货币含铜量极低,到后来甚至出现泥质钱币,堪称泡面中的"康帅傅",比山寨还山寨。

根据《资治通鉴》的记载:"令禁铸钱,则钱必重;重则其利深,盗

铸如云而起，弃市之罪又不足以禁矣。"法律越禁止私铸，钱的购买力就越强，铸币利润就越高，就算是杀头的罪名也拦不住造假的人了。

当行政手段无法管制时，霸道总裁汉文帝一把将桌子掀了，反正铸币利润也到不了我手里，那干脆下放铸币权："我得不到的，大家都别想得到。"政府在集市上提供钱衡（天平）作为判别钱币质量的工具，让官民达成共识，主动分辨劣币良币。

本来，造假币的人躲在法币后面，国家支撑着货币的购买力。当"使民放铸"的政策实施后，假币突然没有了国家的支撑，开始面临市场竞争了。造假的人都懵了，我造假就是因为我不想努力，想要投机取巧，我愿意参与市场竞争的话，为什么不去卖茶叶蛋？

老百姓都很机智，国家不强制大家收劣币了，当然都只愿意收良币，拿着劣币根本买不到东西。造假贩子想要获取铸币利润，就必须提高假币的品质，到后来，别说是泥币了，市面上流通的假币甚至比真币成色还好。

根据陈彦良教授的研究，如果再把出土的秦十二铢钱、西汉初期的三铢钱、吕后时期的八铢钱、文景时期的四铢钱、武帝时期的四铢钱和五铢钱，以及东汉时期的五铢钱，放在一起比较含铜量，那么文景时期民间制造的四铢钱成色最好（指数为205），其次是西汉初期的三铢钱（指数为198），再次才是武帝时期的五铢钱（指数为184）。

惜秦皇汉武，造币不行，数风流人物，在印假钞。

以此类推，在金属货币年代，如果国家长期下放铸币权，那么货币将越来越接近它金属本身的价值，良币会驱逐劣币。

Chapter 7　经济学家的脑洞，要多大有多大

汉文帝把铸币权下放了之后，货币品质终于渐渐稳定，汉武帝在即位后收回了铸币权。这种一本万利的生意，放着不做毕竟眼馋。

但是，这短短 30 年的铸币私营化的尝试，成为货币史上的一段传奇。良币能不能驱逐劣币，就在于市场的力量能不能得以发挥。

假如我能拿到世界上所有的钱,会通货膨胀吗?

不管你从哪里得到了这个惊人的超能力,都需要先准备一个足够大的钱箱。

2020年11月,《福布斯》中国富豪榜发布。马云总资产为4377.2亿元,马化腾总资产为3683.2亿元。更何况,还有大量无人认领的财产。2013年美国无人认领的财产总额为417亿美元——没有查到最新的数据,这些钱涉及多年未动的银行账户、保险柜里无人领取的物品、无主股票和基金。美国专门成立了一个国家无主财产协会,来管理这笔巨大的财富。

即便我们把范围缩小到现金,我相信这些钱也会让你成为新的"国民爸爸"。如果你看到这里的话请联系我。每年30%收益,保本保息,国家重点项目,多介绍朋友进来还有返现,只需先付诚意金200元。我这么英俊肯定不是骗子

在电影里我们常常会看到脑子有病的黑社会大佬炫富,拿着100美元去点雪茄。每当这个时候,我都会对他轻声道谢。因为他这样做是在奉献自己,造福社会。

Chapter 7 经济学家的脑洞，要多大有多大

直接把现金烧掉，就相当于免费帮央行收紧货币供给。现金被烧掉代表着货币供应减少，而社会中与之对应的货物却没有减少。这也就是说，烧钱会让物价下跌，让其他人手中的钱增值了一点点。

所有人的收益额加起来只有 100 美元，真可谓不以善小而不为。

与"烧钱效应"相对的，本来不可能再流动的钱重新回到社会，是会增加货币供应的。

关于货币供应和通货膨胀的关系，学界也还有一些争论。

经济学引申

通货膨胀本意为货币流通数量增加，但也指向货币流通数量增加使得物价水准在某一时期内连续性地以相当的幅度上涨，也就是物价上升、货币购买力下降的现象。

以米尔顿·弗里德曼为代表的货币主义学派认为，通货膨胀源于货币供给率高于经济增长率。在社会生产总值不变的情况下，突然大量增加货币供应，一定会带来通货膨胀。

新凯恩斯主义的需求拉动解释则略有不同。它强调，突然增加消费，这样就增加了社会总需求。跟货币主义经济学家所持观

点不同的是,新凯恩斯主义经济学家强调总体需求的决定作用。

经济学引申

新凯恩斯主义是指20世纪70年代以后在凯恩斯主义基础上,吸取非凯恩斯主义某些观点与方法形成的理论。

新凯恩斯主义继承了原凯恩斯主义的基本信条,在三个命题上保持一致:劳动市场上经常存在超额劳动供给;经济中存在着显著的周期性波动;经济政策在绝大多数年份是重要的。

但是新凯恩斯主义并不是对原凯恩斯主义的简单因袭,而是认真对待各学派对原凯恩斯主义的批判,对原凯恩斯主义的理论进行深刻地反省,同时吸收并融合各学派的精华和有用的概念、论点,批判地继承发展了凯恩斯主义。

经济学引申

需求拉动的通货膨胀又称超额需求通货膨胀,是指总需求超过总供给所引起的一般价格水平的持续显著的上涨。

一般说来,总需求的增加会引起物价水平的上升和生产总量的增加,但在充分就业的情况下,即达到实际产量的极限之后,任何一

Chapter 7　经济学家的脑洞，要多大有多大

点总需求的增加，都会引起价格水平的进一步提高，也就是通货膨胀更加明显。这种通货膨胀被认为是"过多的货币追逐过少的商品"。

无论如何，突然增加货币供应和货物需求的情况，都会带来通货膨胀。也就是说，谁拥有这样的超能力，谁对社会就是有害的，放在电影里应该叫作邪恶的"敛财博士""现金人"或者"通胀怪人"，不过名字这么蠢最多也就是个龙套反派。

知道了这些，下次想回馈社会的时候就可以选择直接烧钱。

我再问个问题，如果世界上排名前几位的富豪把自己拥有的所有的钱一把火烧了，会怎么样？

根据美联储的数据，截止到2017年12月31日，全球流通的现金共有1.57亿美元。而根据2018年的《福布斯》全球财富榜，排在前9位的富豪的财富总额差不多是8000亿美元。所以这9个人的财富加起来，要比全世界一半的财富还多。

这么看，如果这9位老板突然同时决定皮那么一下，把全部身家换成美元烧掉，差不多可以把全球的美元现金烧掉一半。

我们先假设，他们成功地把全部资产套现，并且没有引起大的恐慌。

现金这个东西，其实跟其他货物一样，脱离不了供求关系的藩篱。所以如果美金一瞬间少了一半，你可以将这种情况理解成美金

的供给突然少了一半，那么，我们每个人手里的美金就变得更值钱了，能买到的货物会比以前多。

但是，剩下的美金价格不一定是直接翻番，因为随着美金供给减少，可能会有人开始囤积美金，转而在交易中使用其他货币，美金的流动性下跌，市面上的美金供给进一步减少，这就是所谓的"劣币驱逐良币"。

在纯粹的模型当中，在这一轮通缩之后，美国供给减少会接着导致收入降低、需求减少、失业率升高，最后宏观经济遭受损失。

但是实际上美联储的官员们是不会让这样的情况发生的。他们在听说有人发疯烧钱之后，心情也是喜忧参半。可喜的是，他们马上就可以开始印钱，由于这笔钱印出来之后不会落到外人手里，这就相当于收了全世界一大笔铸币税。可忧的是，富豪们大举出售资产的时候，持有大量美金的买家会从中受益，从微软到Facebook，都是很有价值甚至关乎国防的资产，你们猜，世界上有能力在短时间筹措出一大笔钱的政府或个人，除了美国政府，还有谁？

但是无论怎么样，这几个富豪可能都要坐牢了，因为烧美金是违法行为。可能对环境也有一定影响，会排放很多废气。

总而言之，短期内影响最大的是富豪们为了烧钱而出售资产导致的市场波动。美金本身在短期内也会升值。但是长期来看，由于美联储的存在，富豪集体烧美金的行为对经济几乎不会有太大影响。

Chapter 7　经济学家的脑洞，要多大有多大

现实版"加勒比海盗"的收入有什么特点？

在我们的印象中，海盗的形象大多是残忍愚蠢的。他们乘着油腻腻的小艇，一边朝天胡乱开枪，一边吆喝着："来往的到此当住脚，留下三千贯买路，任从过去。"动不动还会逼人跳进海里喂鲨鱼。

但实际上，如果没有遇到激烈抵抗，海盗几乎不会故意杀人。在成熟的团伙中，任何伤害人质的行为都会被处以5000美元以上的罚款，屡教不改的还会被组织开除。而如果有海盗侵犯妇女，甚至可能会被处以死刑。

这样优待俘虏当然不是因为海盗善良，而是他们尽量确保在收到赎金以后可以毫发无损地送回人质，这样物流企业和保险公司才会选择继续息事宁人。索马里海盗也因此在业内树立了"良好"的口碑，使得人们一提起海盗马上就会想到他们。不知道未来他们会不会紧跟电商潮流，开设个自媒体打广告，口号可以是"你可以骚，我不会扰——索马里海盗"或者"绑架你我他，不胖不回家"之类。

海盗在索马里是一个高度成熟的产业。整个产业链结构合理，分工明确，那些端着枪登船的喽啰只是所有环节中最初级的一部分。

海盗们遵从各种行业规范，优秀的团伙在管理时甚至会运用许多现代企业管理理念。其赎金的分配方式也非常出人意料。

根据联合国毒品和犯罪问题办公室的调查，从2005年到2012年，索马里海盗一共绑架过179艘船只，总收入在4亿美元左右，平均每艘船收200多万美元的赎金。

像我们刚刚说的那些实施绑架的年轻海盗，每劫持一艘船大概只能得到3万到7.5万美元的项目酬劳，这笔钱仅占总赎金的1‰～2‰，还得由三四个基层海盗平分。第一个登船的海盗会获得优秀员工奖，奖金在1万美元左右；如果自备武器，还可以得到一点设备折旧费用。

索马里海盗的生活成本很高昂。

在项目前后和训练期间，相应的厨师、供应商、船舶修理工等人员提供的服务都是需要付钱的。

由于海盗工作的特殊性，他们还经常嗑一种叫"巧茶"的药品，相传这种药品能在行动时帮助海盗提神壮胆。虽然这种植物在索马里合法，但是价格也不算便宜。

海盗们不是受欢迎的顾客，所以他们必须支付高于当地水平的报酬才能雇到人。例如，原本10美元的海事电话费用，租给海盗就要20美元。

万一"肉票"不慎跌倒受伤，海盗被领导罚款，那这一趟算是白干了。可见，基层的年轻海盗收入非常微薄，有时候他们甚至会欠组织很多钱，需要加班来还债。我想，索马里海盗如果有官网，上面也会

Chapter 7 经济学家的脑洞,要多大有多大

有年轻人抱怨物价高、工资低、上班远、加班多,以及天天抢劫也不够还贷款。

◎ 现实链接

在产业链中,附加值更多体现在两端。上游包括技术和资本等一些有壁垒的,往往能获得高利润回报,下游的销售也有很高的回报,只有处于中间环节的制造附加值最低。

微笑曲线理论(见图 16)是由宏碁集团创办人施振荣先生在 1992 年提出的。虽然简单,却很务实地指出中国企业未来努力的策略方向。

在附加价值观念的指导下,企业只有不断往附加价值高的区块移动与定位,才能持续发展与永续经营。

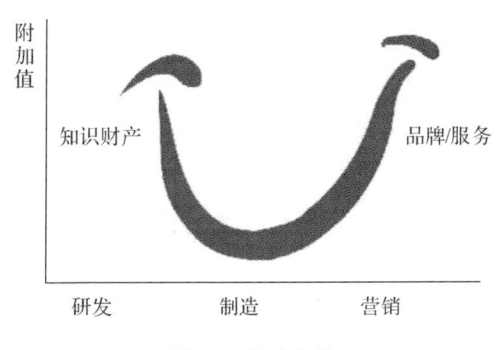

图 16 微笑曲线

扯远了。总之，海盗虽然是一种犯罪，但在产业成熟化的情况下，普通海盗只能拿到非常微薄的利润。

稍微高级一点的海盗项目经理，情况也没有好很多。他们需要带队冲锋，管理好嗑药的手下，安抚船员，快速建立沟通渠道。但是，他们也只能得到赎金的一小部分，然后还要从他们的分成中拿出很大一笔来支付给当地的武装头目，孝敬基地组织，还有给当地政府或驻军缴纳船坞等基础设施的"建设税"。

而赎金的大部分，大约30%~70%，要返还给项目的投资人。如果是天使投资人出了大部分，他们甚至会拿走75%。绑票工作和其他很多创业项目一样，都需要一笔前期投入，其中包括船只、车辆、点钞机、武器、基地建设等投入，毕竟靠人力划船是赶不上货轮的。投资人往往还会提供一些额外收费的律师服务、金融服务和谈判服务。所谓谈判服务也就是帮这群文盲海盗联系相关货轮所属的公司或保险公司。这可不像黑社会绑架别人的"蛾子"，茫茫大海上一艘货轮可能来自任何一个国家，想要找到支付赎金的人也需要门路，总不能问警察吧？有点事业心的海盗因此会学点外语，这样更容易受到领导赏识。

收钱的过程一般是通过船或直升机交付现金，但是数百万美元的现金不能直接吃，而显然海滩上也不会有瑞士银行。所以，海盗会先把大量现金运到投资人在当地的办事处，然后雇用保安统一运到城市。之后，这些钱会通过电汇和网络银行进入也门或沙特，流入宾馆业、餐饮业，或者购买军火和船只扩大产能，为下一个项目做准备。

Chapter 7　经济学家的脑洞，要多大有多大

由此可见，索马里海盗之所以猖獗，一方面是由于索马里海面离各个军事强国都很远，没人愿意管；另一方面，在陆地上，他们带动了当地经济，政府管不了也不想管。但是，提着脑袋到处打劫的海盗并不会因此发财，反而是背后的金主获益最多。

前几年，连一代传奇海盗杰克船长都在闹离婚，他可是帅上天了的。可见，连当海盗也得美貌与才华俱备。"好险"，我不禁暗自庆幸。

谁来为复仇者联盟在战斗中造成的经济损失买单？

对于复仇者联盟，我一直是站铁不站盾冬，主要是因为铁人又帅又有梗，随我。

复仇者联盟诞生的原因是敌人越来越强，人类现有的军事力量无法与之抗衡。因此，他们每次战斗的对手都很强大。

在《复仇者联盟》第一部中，一群凶残的敌人听从"神"（洛基）的指引，从天而降，在纽约曼哈顿上空，用飞机对高楼大厦造成了巨大的破坏。无辜群众四散奔逃，一时间警笛四起，大火漫天，巨石翻飞，举国震惊。

这个剧情听起来是不是有点耳熟？没错，电影中的纽约之战就是2001年"9·11"事件的翻版。在"9·11"事件中，恐怖分子除了制造人员伤亡，还造成了300亿美元的直接经济损失和530亿美元的间接经济损失。

然而，电影中展开疯狂袭击的可不是两架客机，而是酷炫的外星大飞船。同时，钢铁侠的导弹和发狂的绿巨人也难免在战斗中伤及无辜，再加上美国队长，嗯，挥舞的拳头，也可能造成了数百美

Chapter 7 经济学家的脑洞，要多大有多大

元的重大损失。因此，复仇者联盟在纽约的战斗造成的总经济损失远超"9·11"事件。

灾难损失分析公司 Kinetic Analysis 估计，电影中纽约之战造成的直接经济损失（被破坏的大楼、道路等设施）大约在600亿～700亿美元，而对商业的破坏和事后的修复开销等又会产生约为900亿美元的间接经济损失，也就是一共造成了约1600亿美元的经济损失。特别提一句，由于规模巨大，研究者在计算时使用了核武器级损失估算模型。

作为对比，2011年重创日本的福岛地震造成的总经济损失约为1220亿美元。

这么大的损失，自然要有人承担。在漫画中，钢铁侠设置了一个以其母亲的姓名命名的善后基金。但是这个基金存在于 Earth 616号宇宙，而电影所在的宇宙是 Earth 199999，所以帮不上忙。那么，这笔钱该由谁支付呢？

首先，我们会想到保险公司。确实，在"9·11"事件后，世贸中心的业主拉里·希尔弗斯坦（Larry Silverstein）就起诉了保险公司，要求对方赔付70亿美元的损失。后来，由于合同方面的问题，最终保险公司被判赔偿45.5亿美元。

这看起来似乎可行，然而，保险公司在"9·11"之后纷纷在保单的"不可抗力条款"中加上了"恐怖袭击"这一条。所以，如果保险购买于2002年之后，保险公司是不必赔偿恐怖袭击所造成的损失的。

作为补偿，国会在当年通过了《恐怖风险保险法案》，规定以后的

恐怖袭击所造成的损失由专门的基金和财政部共同赔付。其理由是，恐怖袭击是由于国家被仇视而发生的，因此国家要负责。

但是另一个问题出现了：外星大飞船的入侵能不能算是恐怖袭击呢？现代战争是不针对平民的，因此像这样攻击民用设施的行为看起来很像恐怖袭击。但是，根据恐怖主义的定义，它应该是向非战斗人员使用暴力，来为团体、思想或个人争取注意。在电影里，外星人的入侵并不是打算引起谁的注意，他们只是很单纯地想占领地球而已。

因此，虽然手段跟"9·11"相似，但是由于目的不同，外星人入侵应当算作战争。这样一来，神盾特工局就需要担负起打扫战场的责任。

根据电影，神盾特工局是一个特设机构，应该不隶属于美国海军或海岸警卫队。它在之前一直听命于美国总统，但是又能跑去印度抓绿巨人，跑去德国做任务，所以看起来更像是一个间谍机构。试问，面对黑寡妇斯嘉丽·约翰逊（Scarlett Johansson）这样一个女间谍，你还有什么能忍住不招的？

在第三部《美国队长》中，复仇者联盟在法理上变成了一个有美国公民参加的国际机构（好像只有黑豹和绯红女巫不是美国人），并由联合国接管，所以在将来的战斗中，损失将由参与联合国的各国一起出钱兜底。而纽约之战时，复仇者联盟的属性应该跟海岸警卫队类似，在和平时期隶属国土安全局，在战争时期受国防部指挥。刚刚提到，外星人入侵应该被定义为战争，所以美国国防部才是这个事件的赔付方。

同时，我相信即使联合国主动要求帮忙支付这些赔款，也会被美国国防部拒绝。这不仅是因为下一年可以从国会要来更多的预算，而且战后缴获的外星飞船和武器也会成为国防部的资产，这是多少钱也买不来的。

因此，我们可以知道复仇者联盟在纽约之战中造成的经济损失大约为 1600 亿美元，这笔钱中的大部分将由国防部想办法赔付。

然而还有一小部分是例外，那就是由雷神托尔和洛基两位造成的损失。由于他们是"神"，所以他俩应该算作"自然灾害"，而不是"军事人员"。

经济学引申

自然灾害经济学至少包括灾害不可完全避免、灾害反馈决策、害利互变、治标措施和治本措施互促合益等原理。但是，祸福转换离不开人的因素。对投资者而言，不期而遇的大灾难常令金融市场大起大落，其中波动的规律并不像灾害本身那样难以预测和掌控。

所以当天纽约的新闻报道大概得这样写：在这场同时对抗侵略者和"自然灾害"的艰难战役中，美国人民发挥了战天斗地的革命精神，最终战胜了天灾人祸，并在一名绿色群众的帮助下，依法逮捕了一名"自然灾害"。

全世界叛变特工联合会是个什么经济组织？

作为007"一生粉"，我在观影时向来对"碟中谍"系列和"谍影重重"系列要求更加苛刻，但即使是这样，我也不得不承认《碟中谍4：幽灵协议》和《碟中谍5：神秘国度》是特工电影里的上乘之作。电影我们不深谈，毕竟现在的网络上，除了情感咨询师，最不缺的就是影评人了。

为什么是辛迪加不是托拉斯？这要从垄断组织的概念说起。

经济学引申

垄断，经济学术语，一般分为卖方垄断和买方垄断。卖方垄断指唯一的卖者在一个或多个市场，通过一个或多个阶段，面对竞争性的消费者；买方垄断则恰恰相反，垄断者在市场上可以根据自己的利益需求调节价格与产量。

Chapter 7　经济学家的脑洞，要多大有多大

在完全竞争市场上，商品的价格是由供需关系决定的——当然，如果你是高中生，政治课考试可千万别这样写——那么，理论上如果当一个人或者组织有能力整合市场上供给或者需求中的一方，他就可以操纵价格。

比如苹果开新品发布会，又是新 iPhone 又是新 iPad，场面上又没什么像样的对手，供给完全由它决定，那么价格定得再高我老婆也根本不在乎（因为割的肾又不是她的）。

然而，垄断组织操纵价格的力量并不是无限的，市场中另一方的"价格松紧"也会影响成交量。当价格过高时，成交量就会减少。所以，垄断组织普遍依据收益×成交量的最大值来定价。这不一定是卖的数量最多的价格，也不一定是卖得最高的价格，但是一定是垄断方受益最大的价格。

垄断能用有形的手替代市场"无形的手"，这样左右整个市场的权力当然人人都想要。通过世世代代的联盟和攻伐，现在经济中的垄断组织通常有四种表现形式。

第一种垄断是卡特尔（Cartel），这是最早出现也是最简单粗暴的垄断组织。某一个行业的大玩家坐下来开个会，大家为了共同的利益组成联盟，一起哄抬价格，限定供应。这一类垄断中的企业个体在生产、经营和销售上面都是独立和相对平等的。

比如 20 世纪飞利浦、通用电气和法国电灯公司等巨头组成卡特尔，人为降低灯泡使用寿命，规定每年灯泡生产限额，让消费者不得不花大价钱来买成本很低的灯泡。

石油输出国组织欧佩克（Organization of Petroleum Exporting Countries，OPEC）也是卡特尔，参与国通过规定每年产油的限额来左右世界原油价格，不然如果大家都全力开采，石油就会变成白菜价。当年欧佩克成立的时候，也因此被大多数发达国家和原油进口国反对。然而，美国能够通过"石油交易全部用美金结算"的条款把通货膨胀输出到全球，因此美国人全力促成了此事。

放在电影里，复仇者联盟就是一个卡特尔。这帮人的关系基本是平等独立的，但是拉帮结伙垄断了维护地球和平的业务。

第二种垄断是辛迪加。相比起卡特尔，辛迪加是一种组织结构更紧凑的垄断机构。辛迪加里面的成员关系大多是平等的，但是它们会有一个总部。这个总部统一处理销售与采购，并把生产资料和销售份额进行内部分配。总部能够统一采购到廉价的原材料，加上抱团销售，能产生垄断价格，因此辛迪加的成员可以享受到垄断优势。同时，总部比一般成员的地位高，因为一旦离开了辛迪加，普通成员就需要自己处理采购和销售事务，这样就丧失了垄断议价能力，无法与辛迪加竞争。

《碟中谍5：神秘国度》里的特工组织是全世界叛变特工联合会。这些特工相对比较独立，然而只能通过辛迪加接活，因此辛迪加领袖可以向组织下令。最后，也是他自己的私人恩怨，导致了这个组织的失控。

第三种垄断是托拉斯。托拉斯比起前两种垄断又更进了一步，它是由一家公司通过兼并、控股大量同行业企业形成的行业垄断，其成员已经失去了独立性。这个很好理解，就是整个行业就只有一两家公司，它们自然就产生了垄断。托拉斯往往产生在准入门槛比较高的行业，比如电信、铁路、造船等。这些行业的企业前期投入太大，所以新入行的竞争者很容易就被消灭。

大多数国家把托拉斯列为违法行为，美国就有专门的反垄断法。世界上比较著名的托拉斯有钻石公司戴·比尔斯。这家公司掌握了全球九成钻矿，然后故意不开采，每年只生产少量钻石，来维持钻石的高价。如果说石油确实有使用价值，那钻石的昂贵则全是因为戴·比尔斯一家企业端住了整个市场。

第四种垄断是康采恩（Konzern）。不知道这些名字都是谁翻译的，感觉像是个写网络小说的。康采恩可谓是垄断的集大成者，这种跨行业垄断的异面体是垄断的最高形式。如果说托拉斯是行业的掌控者，那康采恩想要控制的可就是整个国家或者经济体了。康采恩是一个大的财团，下属各个独立公司在各自的领域都有重要影响，进而能够左右国家经济走向。所谓"窃钩者诛，窃国者诸侯"，我们看到托拉斯在全球几乎都是违法的，却没听说过康采恩违法，因为它本身已经具有了影响立法的能量。韩国和日本的大财阀都是康采恩，比如三星，比如三菱。

总结起来，从最基础的卡特尔联盟，到有组织的辛加迪联合会，再到一统江湖的托拉斯，最后到左右国运的康采恩，垄断组织大多数是对经济有负面影响的组织。无数豪杰希望能代替市场的力量，成为一个产品真正的话事人，而垄断就是企业家们的权杖。

《碟中谍5：神秘国度》里的反派组织不叫托拉斯，除了组织结构更接近辛迪加以外还有一些原因。我想首先是因为 20 世纪 60 年代《碟中谍》电视剧里的常驻大反派就是辛迪加,这算是一种致敬。

另外,托拉斯的 level 也没有辛迪加高。托拉斯的英文是 Trust,这名字我看了都想捐钱,哪里像一个神秘邪恶的特工组织?而辛迪加(Syndicate)来自法文 syndicat,词源是希腊语中的 syndikos,原意是 caretaker of an issue,即"问题解决之人",这个从半岛古语舶来的英文词不但古意盎然,而且还颇具深意,也难怪阿汤哥就算扒飞机也要去搞清楚其真面目。

Chapter 7　经济学家的脑洞，要多大有多大

难以置信！龙妈难道斗不过煤老板？

有的人认为，不稳定的天气阻碍了工业革命，我不认同。相反，在长达数年的夏天繁育的人口会在漫长的冬天大量死亡，这样一来在接下去的夏天里，劳动力与土地的比值会下降，使得人均工资提高，有利于新技术的开发和利用。现实中有相近的例子，比如欧洲的黑死病使大量人口死亡，却被认为有利于工业革命。

《权力的游戏》中的先民在大约 1.2 万年前就带着马匹、冶炼技术和皮质铠甲来到了维斯特洛大陆，在 8000 年前，那里的人类就已经可以建造宏伟的长城了。如果按照人类的进展，由此进入现代化文明大约只需要 3000 年。然而，这个虚构的文明却仍然徘徊在骑马砍人的阶段，实在不够上进。

在《权力的游戏》中，领主和贵族由国王分封，中央权力有限而地方高度自治，这是标准的欧洲式封建文明。维斯特洛大陆科技的发展与欧洲中古时代也很接近。我们知道，工业革命是人类文明进展的分水岭：在此之前，技术进步的速度总是无法持久地超越人口的自然增长率，经济增长的结果表现为人口增加，而不是居民平均生活水

平的提高；工业革命后，人类的生产力开始超越人口增长速度，文明第一次跨越了"马尔萨斯陷阱"，进入爆发式发展期。《权力的游戏》中的世界在1万年中始终没能跨出这关键的一步，有以下几方面的原因。

经济学引申

人口是按照几何级数增长的，而生存资料仅仅是按照算术级数增长的，多增加的人口总是要以某种方式被消灭掉，人口不能超出相应的农业发展水平，这就被称为"马尔萨斯陷阱"。

马尔萨斯陷阱又称"马尔萨斯灾难"，以政治经济学家托马斯·罗伯特·马尔萨斯（Thomas Robert Malthus）的名字命名。

第一，最明显的一个原因是金融制度的落后。一个新技术的应用和推广需要大量的资本，而在维斯特洛大陆，连中央银行都没有，国王想打仗都借不到钱，科技的发展更是无从谈起。英国之所以能成为工业革命的起源地，就在于它率先完成了金融革命。公共财政制度的完善和英格兰银行的成立，使得科技的推广得到资本市场的支持。

在电视剧中，铁金库是一个类似银行的金融机构，它的作用有点像现在的国际货币基金组织。但是，虽然它能为贵族们提供简单的金融服务，却并不以稳定金融秩序和推动社会进步为宗旨。铁金库的目的是赚取利益，这样的目标让它最多成为一个放高利贷的钱庄，

Chapter 7 经济学家的脑洞,要多大有多大

而无法承担央行的职责。

第二个原因是没有煤。工业革命实际上是一场动力革命,用燃料动力代替了人力。当年,在欧洲各国的文明竞赛中,荷兰和法国都是英国的有力对手,但最终却由英国领先一步开始工业革命,就是因为英国有煤。英国北部人工很贵而煤炭资源丰富,所以用煤代替人力有利可图。在中国,历史上最富饶的江南地区不是煤炭产区,也是工业革命没有在中国发生的一个重要原因。在维斯特洛大陆,并没有见到煤炭或类似燃料的广泛使用,也就没有谁会去发明内燃机。

中国在工业革命前夕未曾落后于西方。1800年以前的世界是一个多元的世界,没有一个经济中心,西方并没有任何明显的、完全为西方自己独有的内生优势。只有在19世纪欧洲工业化充分发展以后,一个占支配地位的西欧中心才具有了实际意义。这是题外话。

另外,还有一些次要原因。比如,维斯特洛大陆的科学知识全部由一个学院掌握,这就使得民众的科学素养普通偏低。

贵族和领主间的战争有龙这种大杀器,使得开发加农炮不那么重要,而有能力驾驭龙的人会限制其他军工科技的发展,也就没能产生火药武器。

同时,异鬼从北境入侵,长期的军事压力使得政府不得不供养一支边军,这无疑是不利于资本原始积累的。

因此,煤和银行是维斯特洛大陆开始工业革命的关键。

看来,《权力的游戏》与我们的世界相似,即使有龙和剑,也一样斗不过煤老板和华尔街。

图书在版编目（CIP）数据

脑洞经济学：人人都要有的经济学思维 / 温义飞著
—杭州：浙江大学出版社，2021.11
ISBN 978-7-308-21750-7

Ⅰ.①脑… Ⅱ.①温… Ⅲ.①经济学—通俗读物
Ⅳ.①F0-49

中国版本图书馆 CIP 数据核字（2021）第 186624 号

脑洞经济学：人人都要有的经济学思维
温义飞　著

责任编辑	顾　翔
责任校对	张一弛
封面设计	VIOLET
出版发行	浙江大学出版社
	（杭州市天目山路 148 号　邮政编码 310007）
	（网址：http://www.zjupress.com）
排　　版	杭州青翊图文设计有限公司
印　　刷	杭州钱江彩色印务有限公司
开　　本	880mm×1230mm　1/32
印　　张	9.125
字　　数	205 千
版 印 次	2021 年 11 月第 1 版　2021 年 11 月第 1 次印刷
书　　号	ISBN 978-7-308-21750-7
定　　价	59.00 元

版权所有　翻印必究　印装差错　负责调换
浙江大学出版社市场运营中心联系方式：0571-88925591；http://zjdxcbs.tmall.com